Libro para colorear del

Vitral

Coloring Pages for Kids

Coloring Pages for Kids
An imprint of Ciparum LLC

Libro para colorear del vitral
© 2017 Ciparum LLC
All rights reserved.
ISBN-10:1-63589-417-4
ISBN-13:978-1-63589-417-2

Coloring Pages for Kids

1

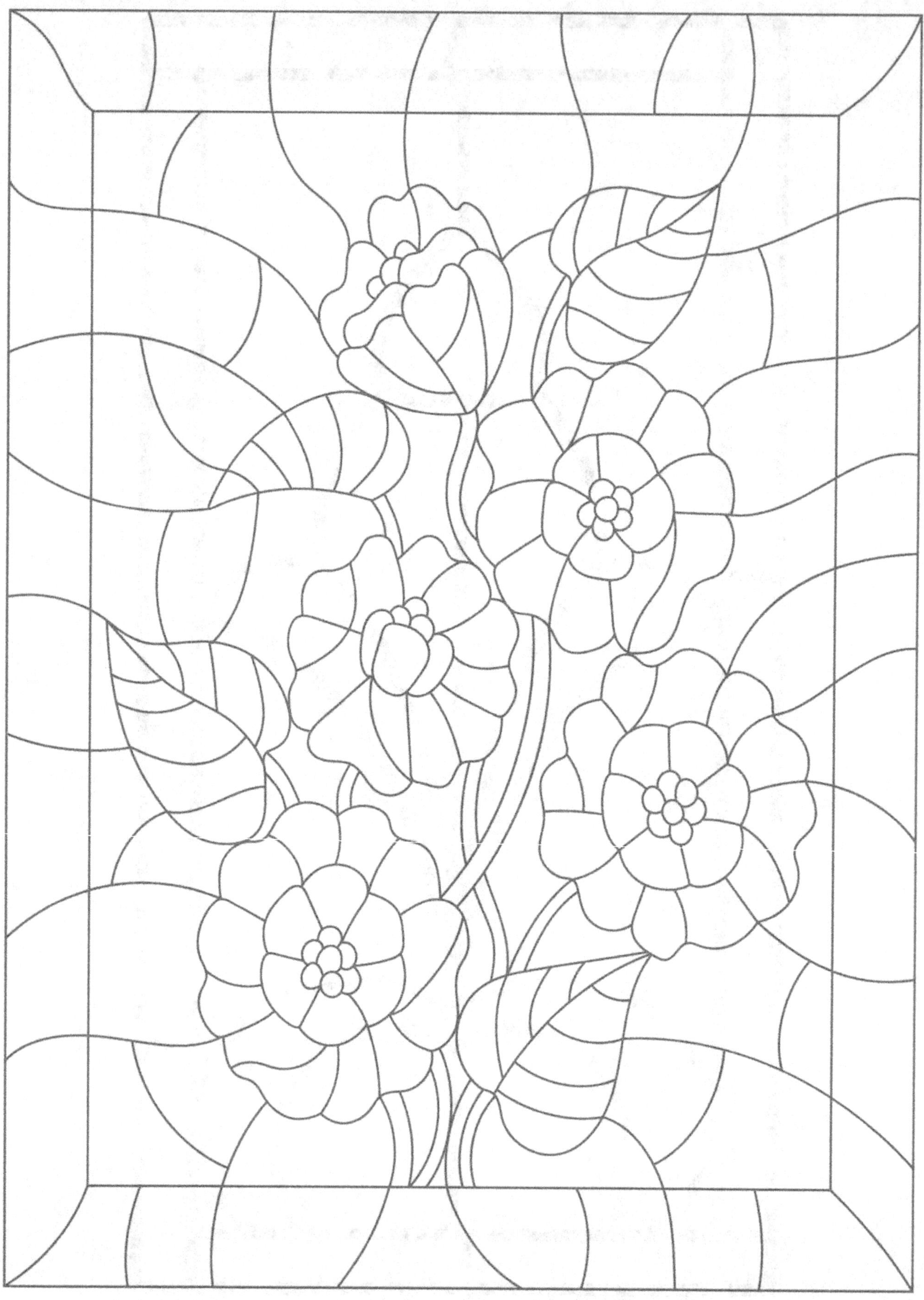

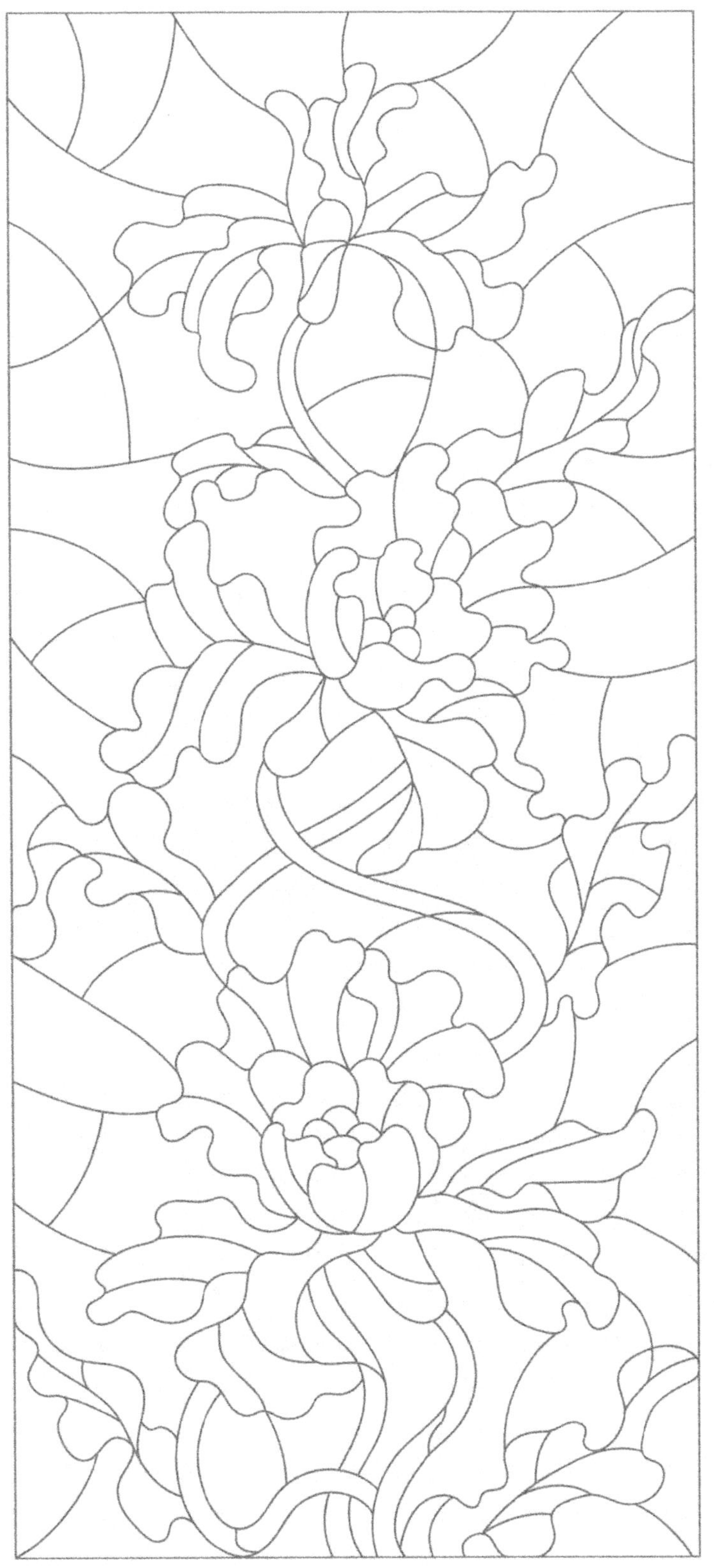

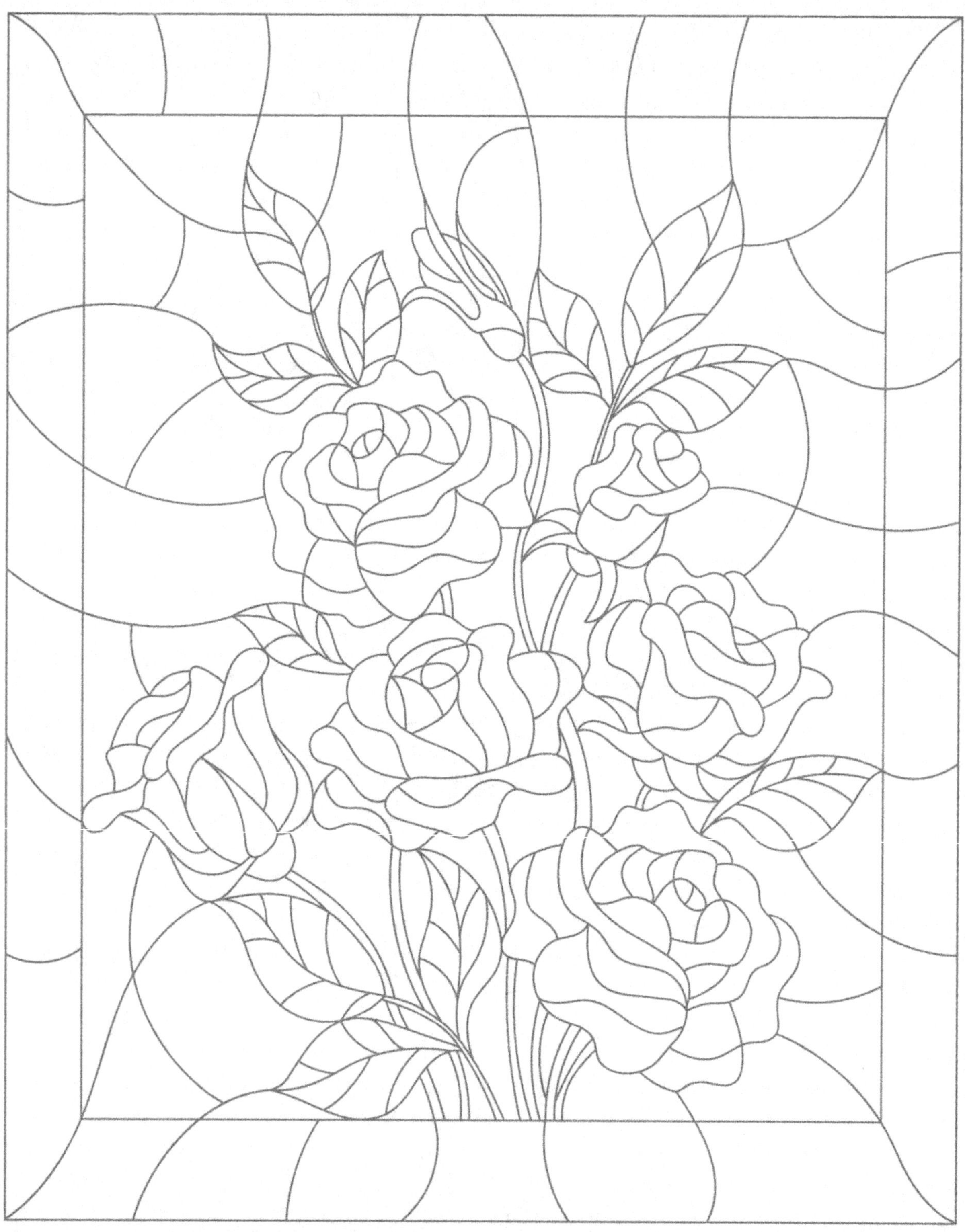

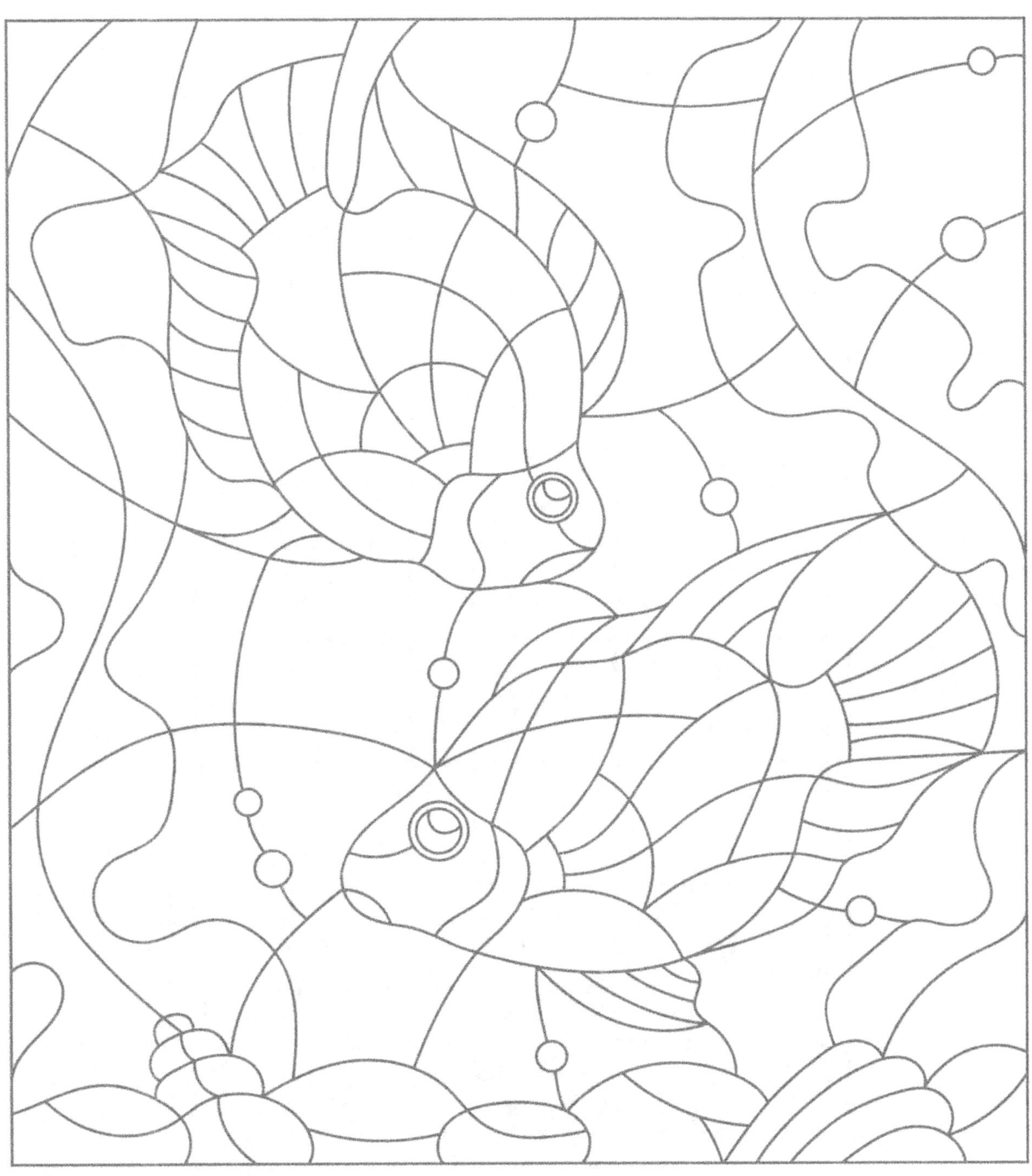

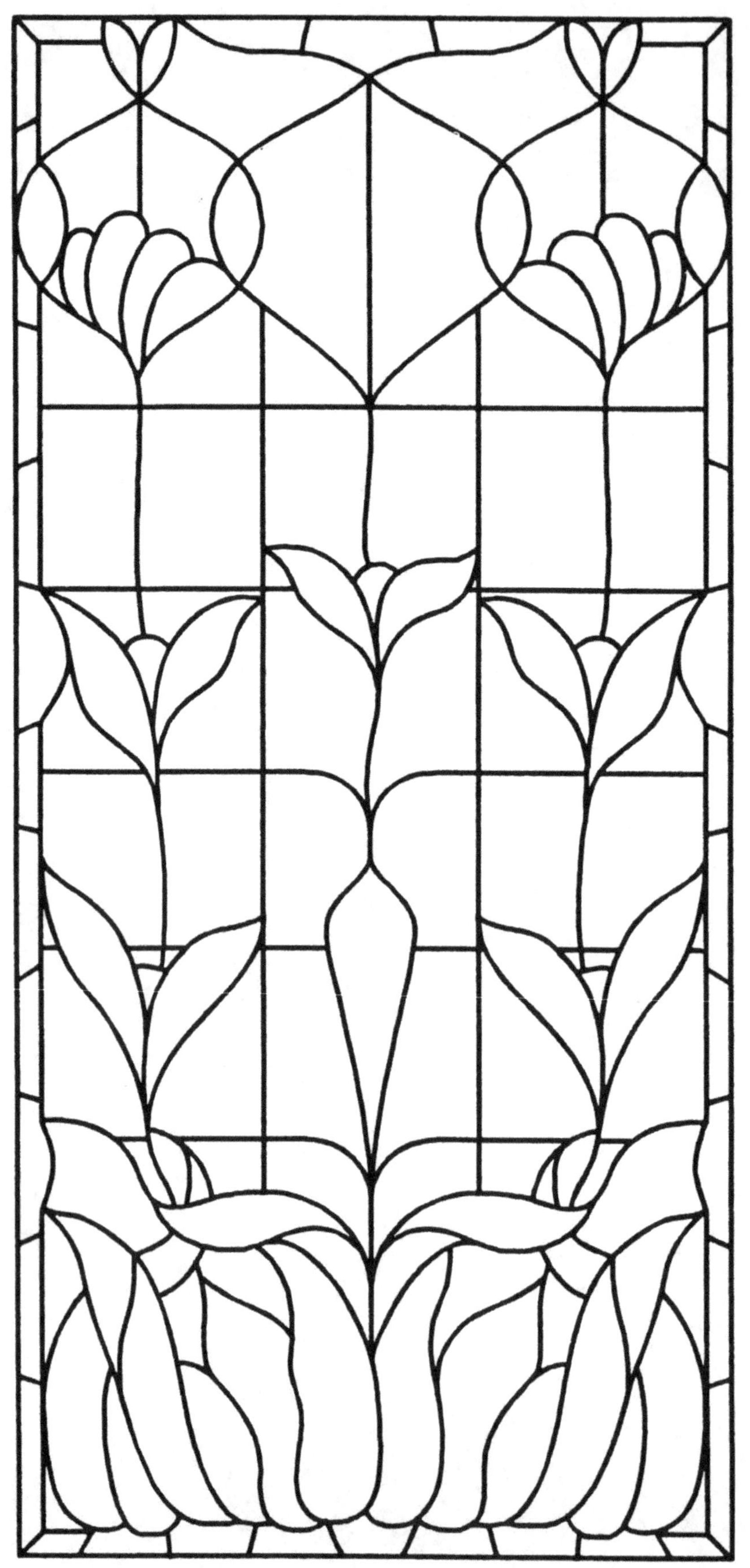

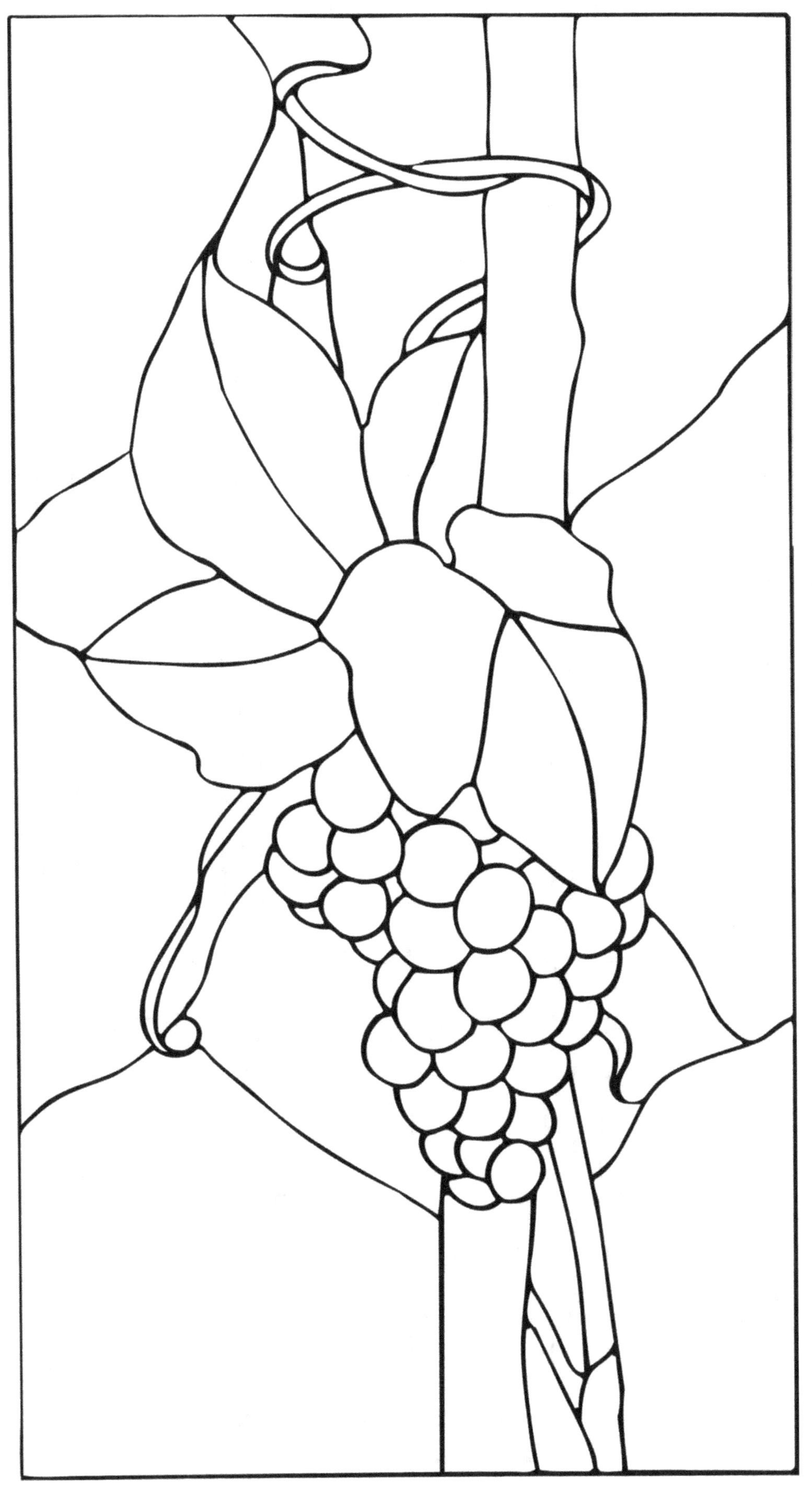

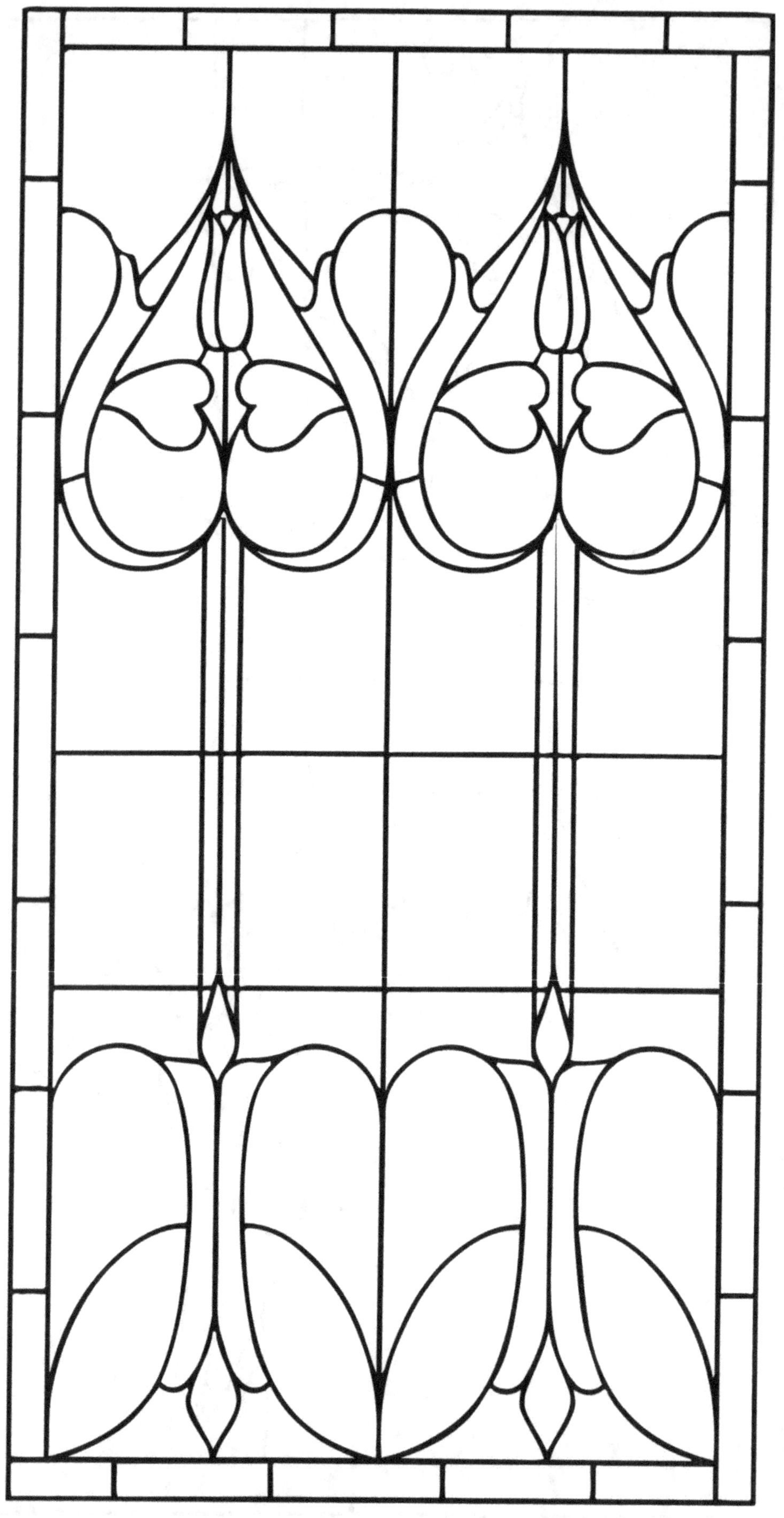

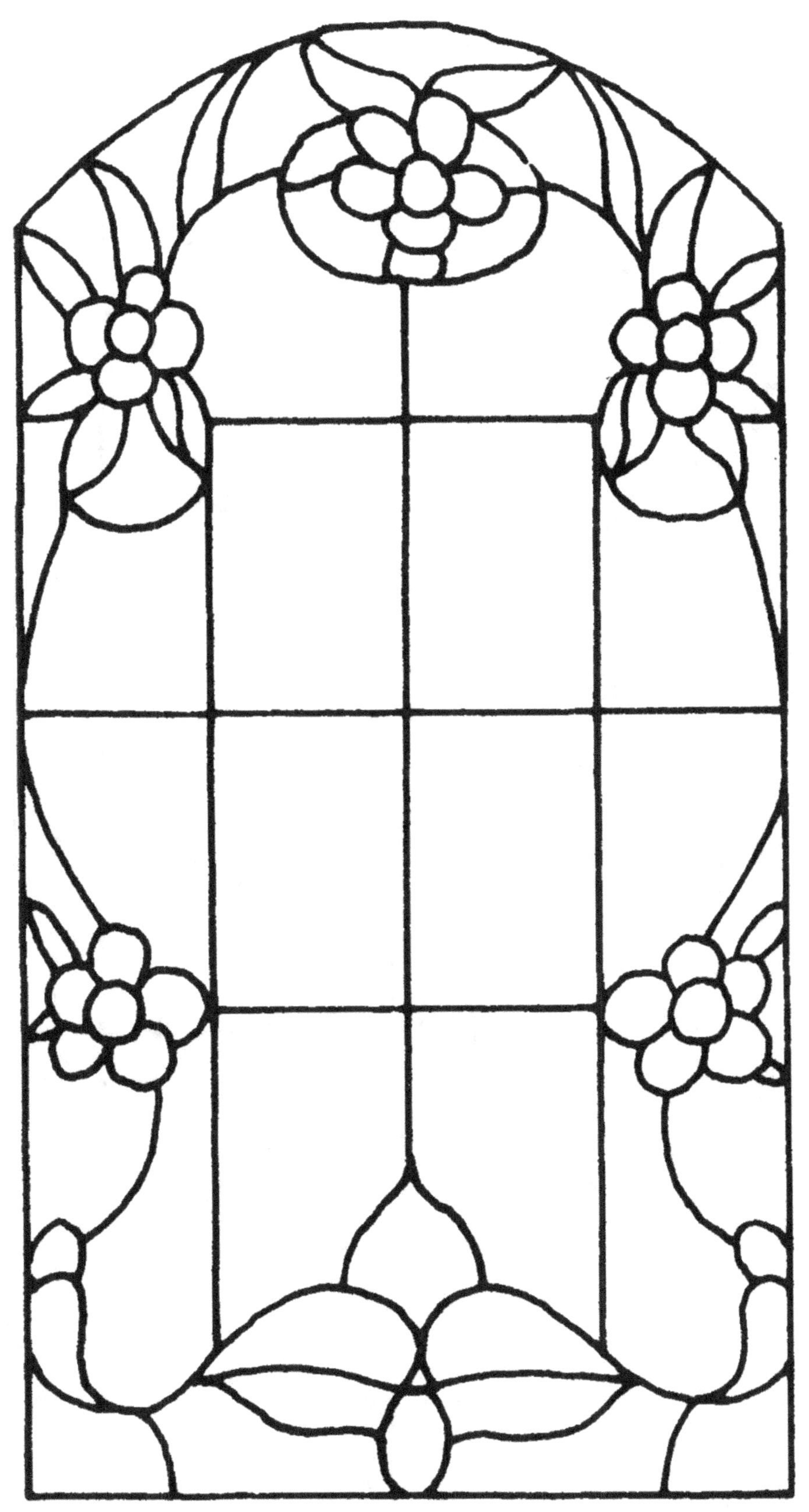

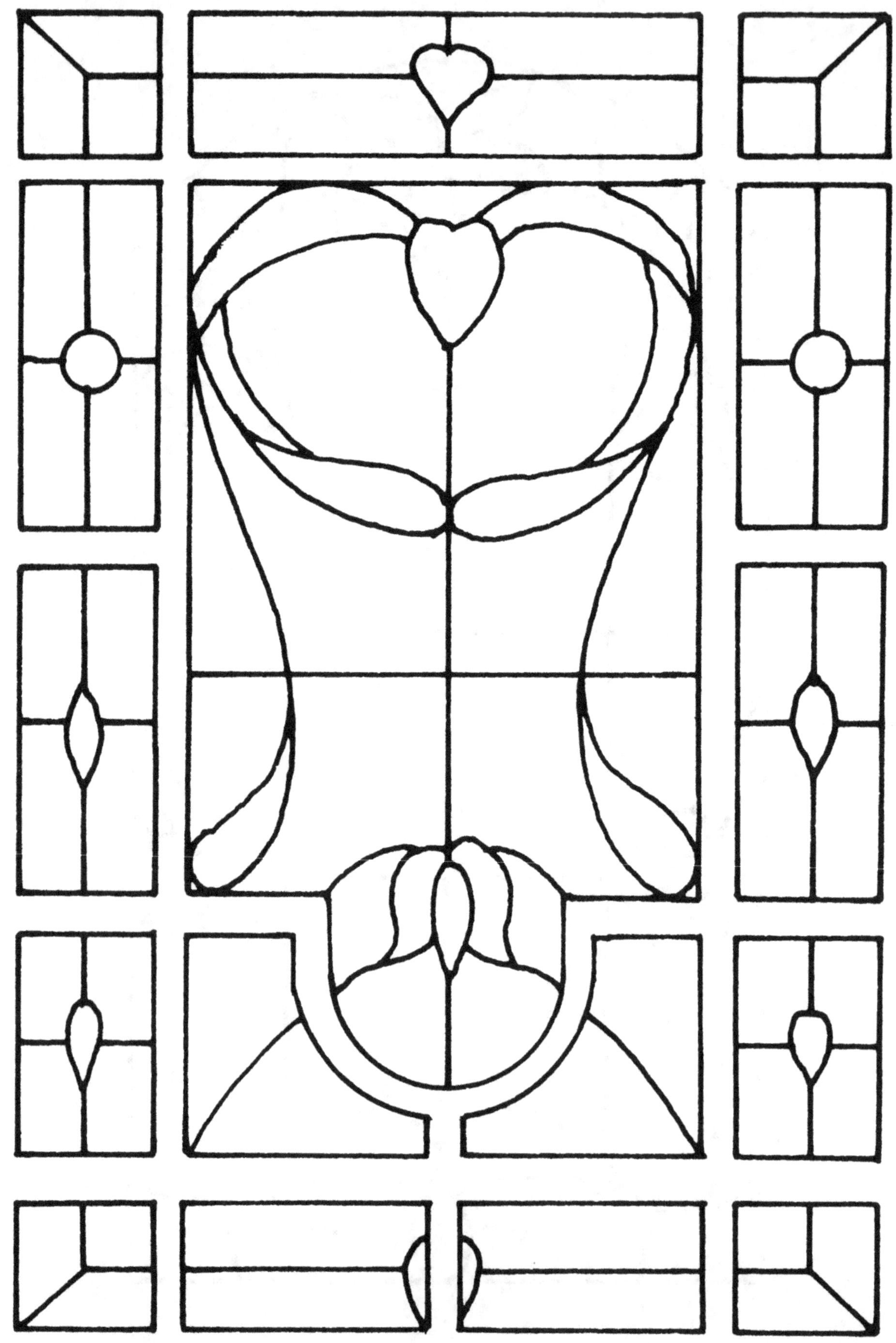

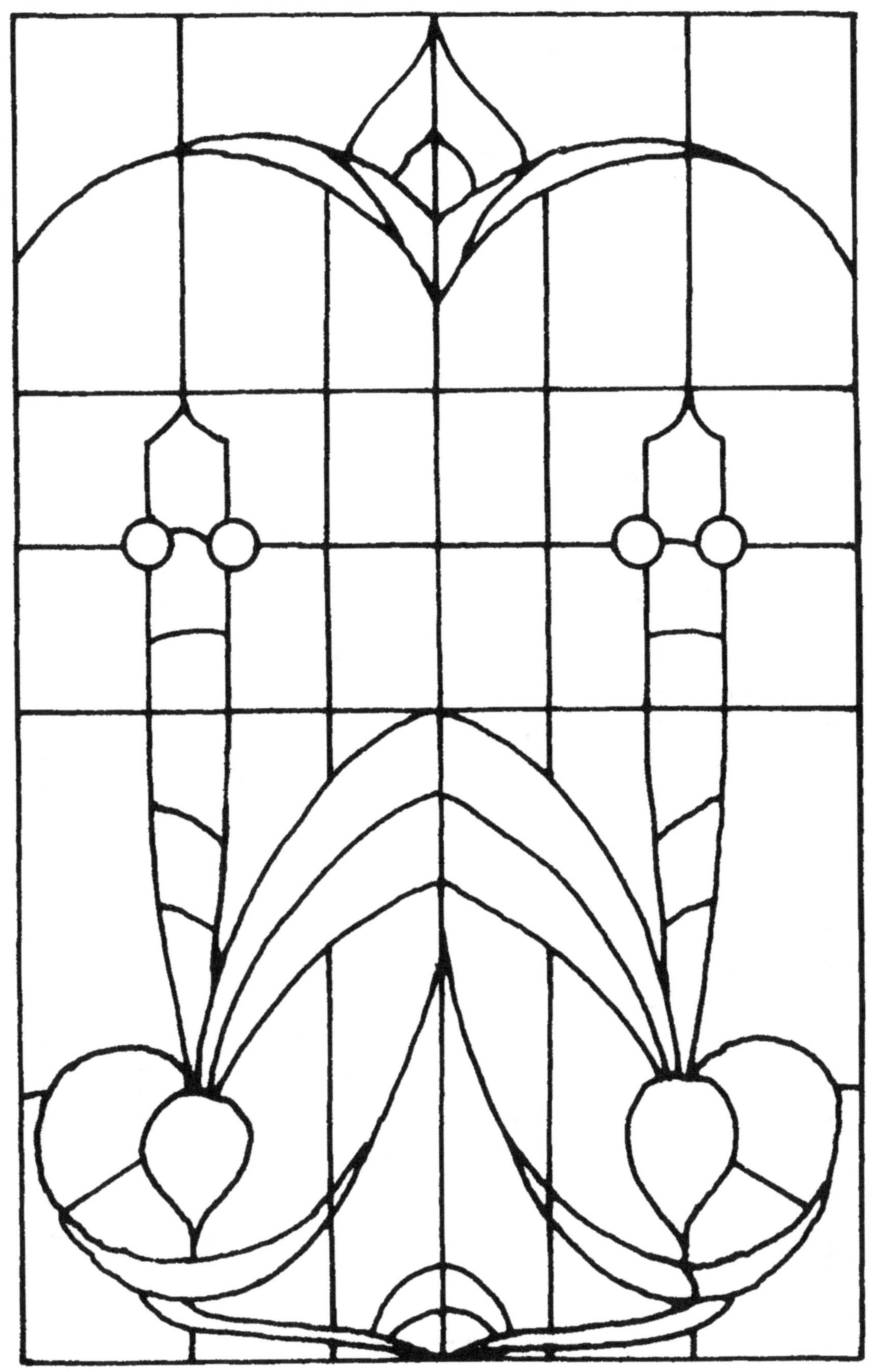

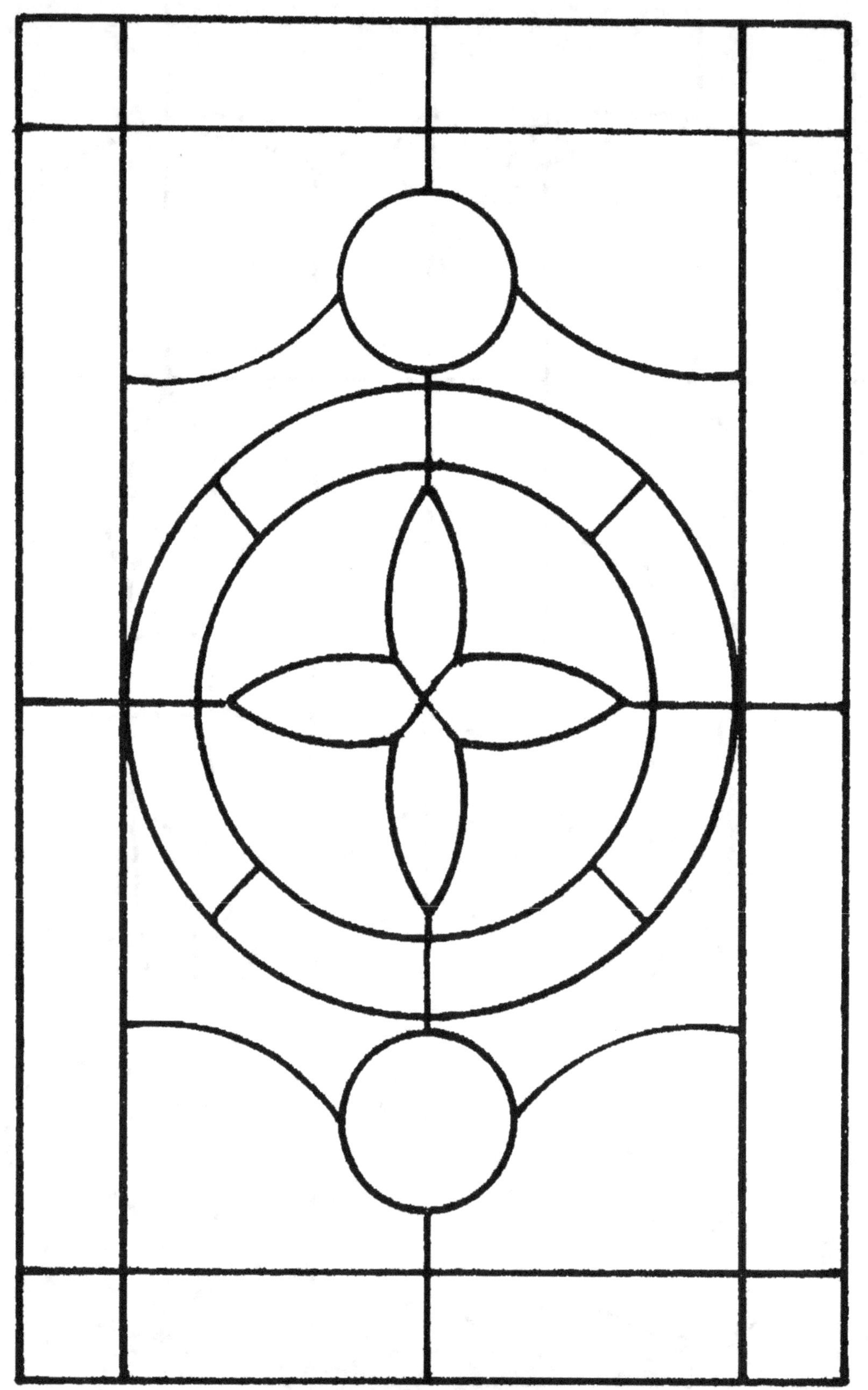

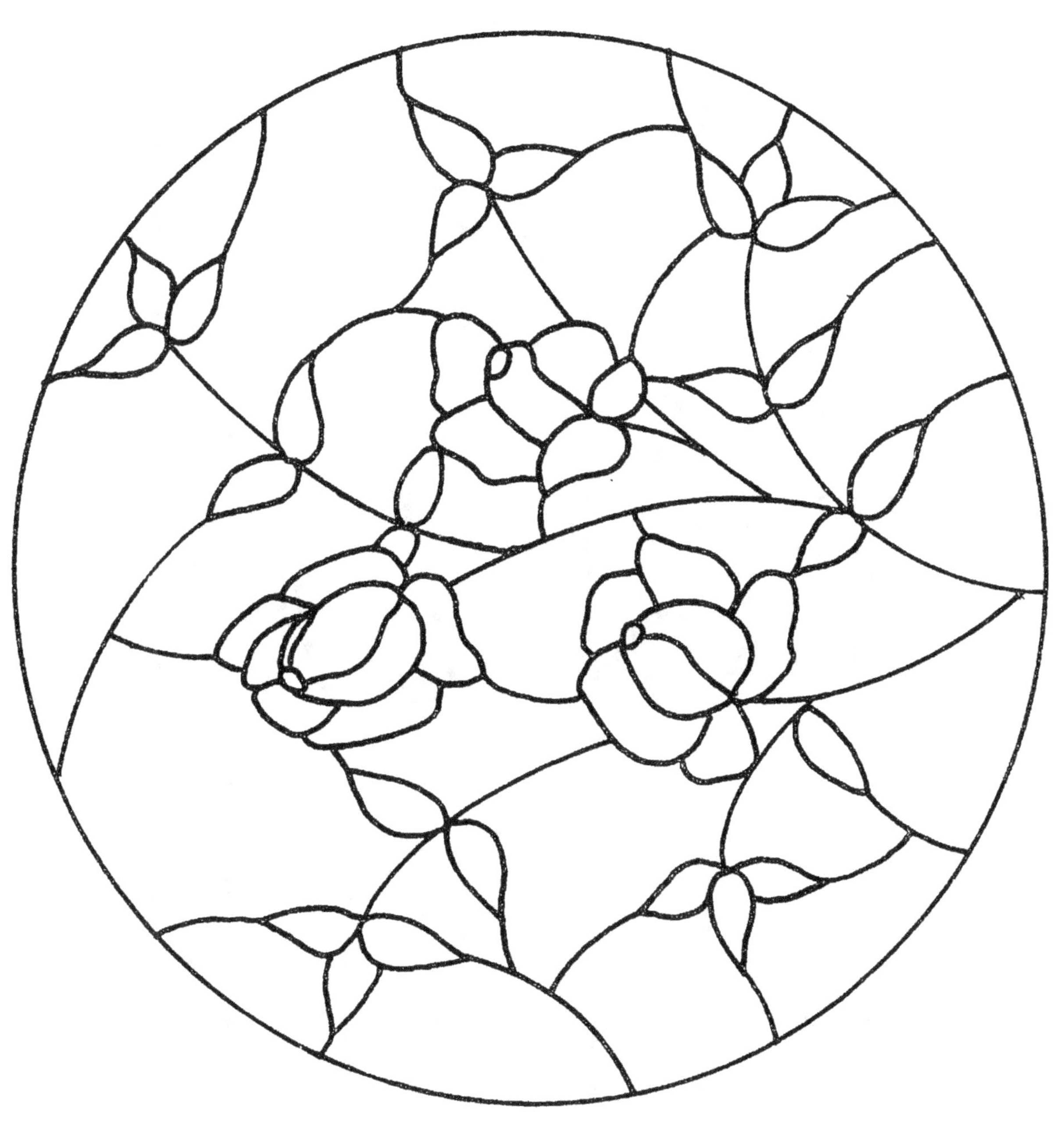

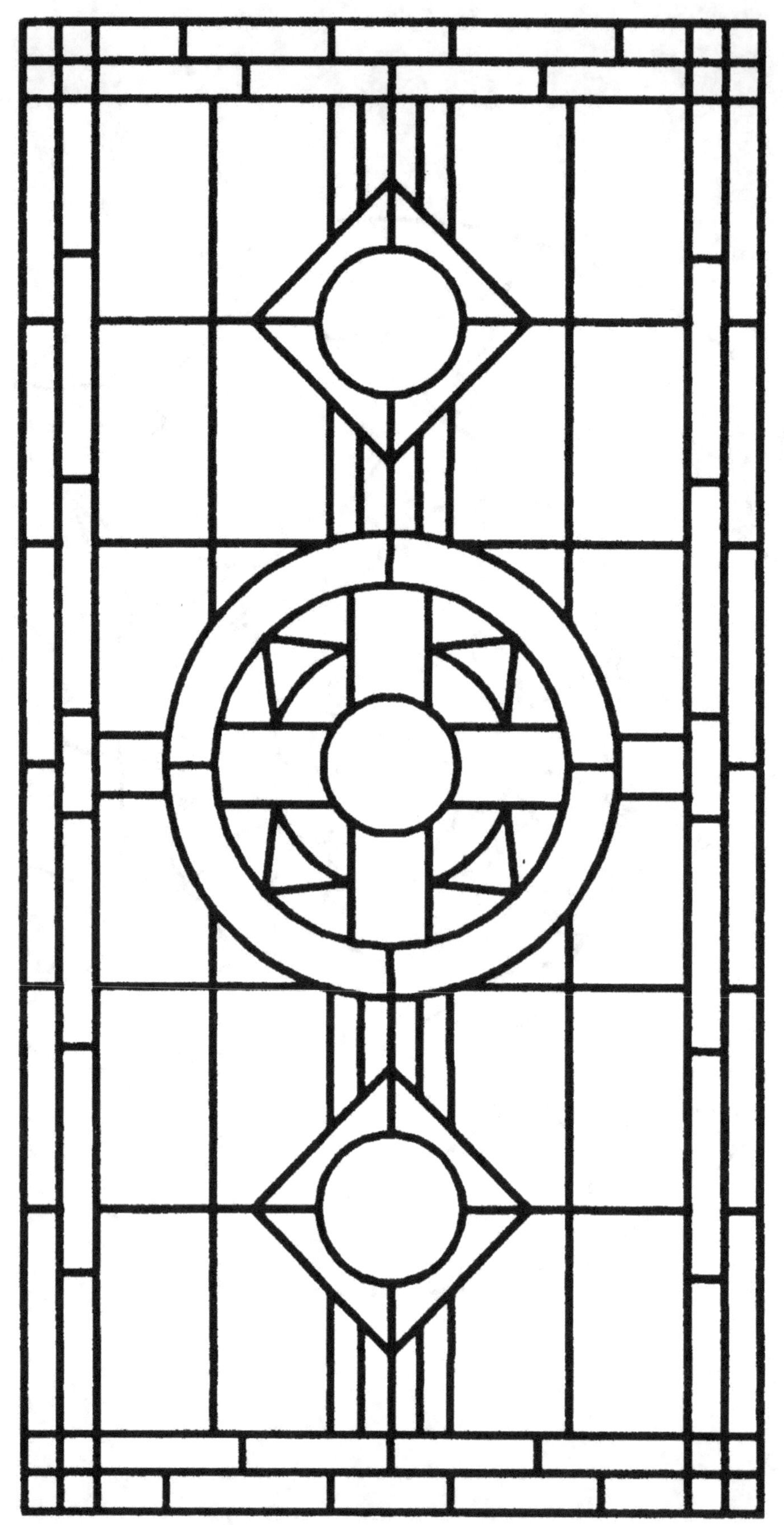

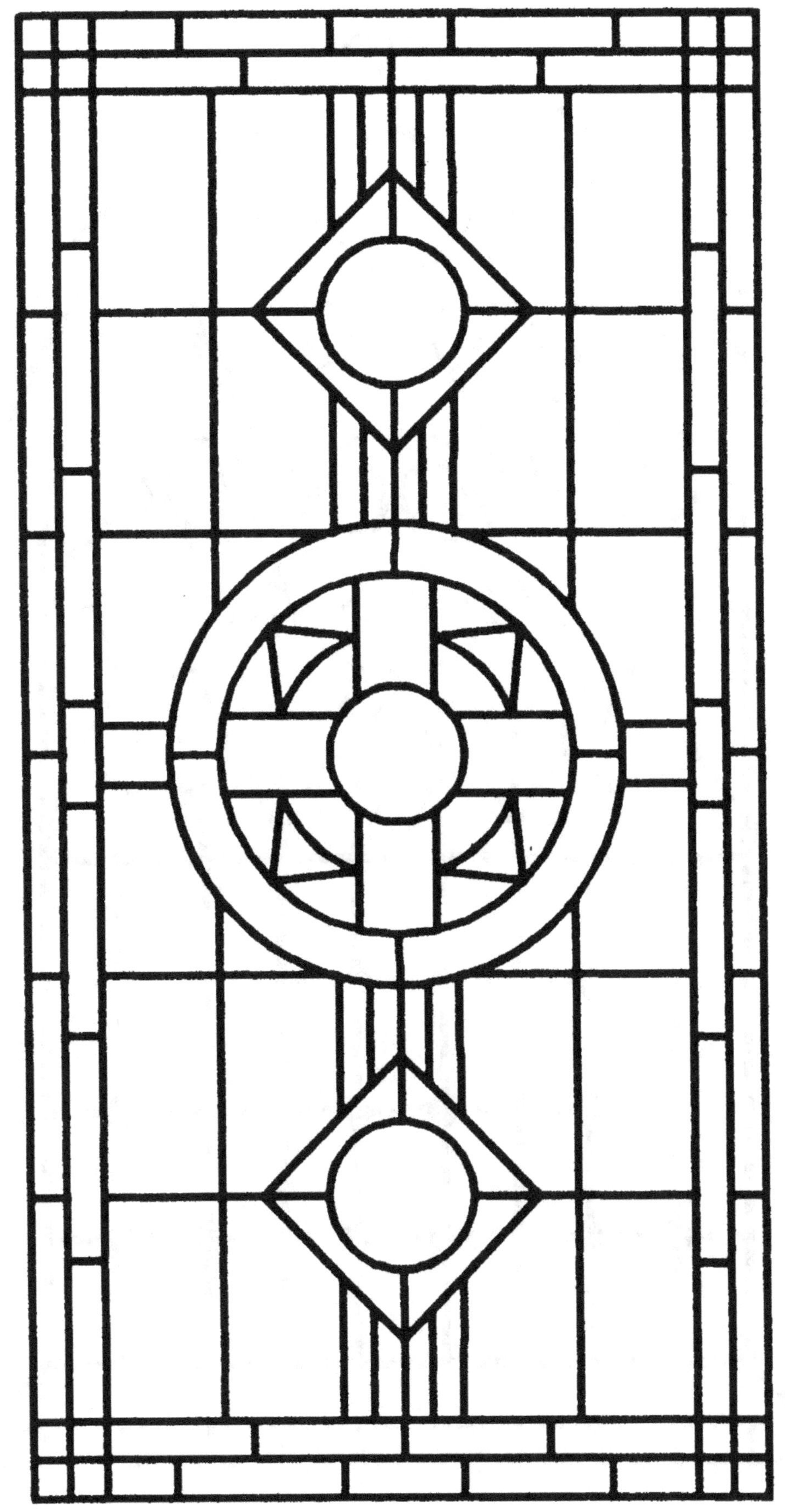

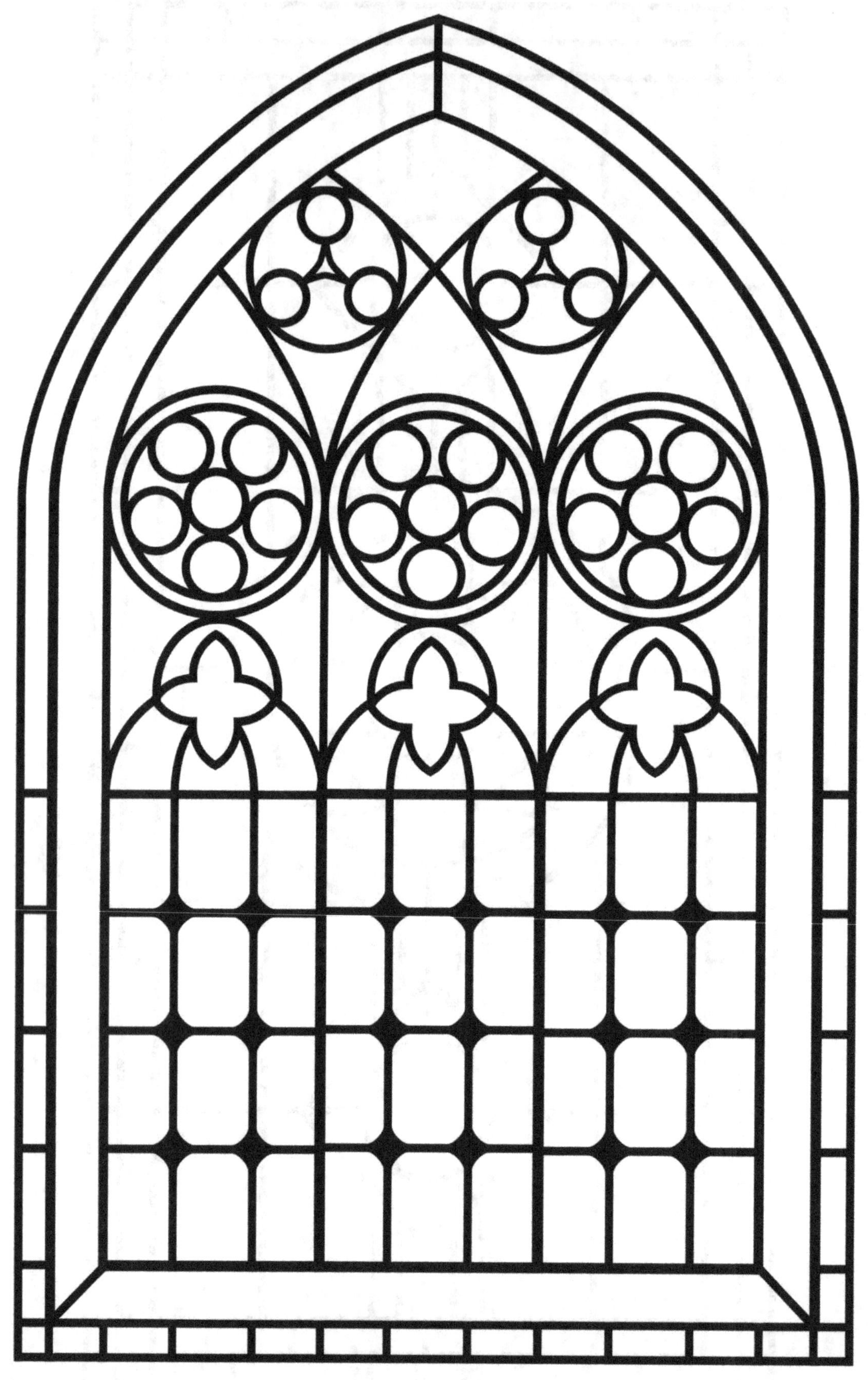

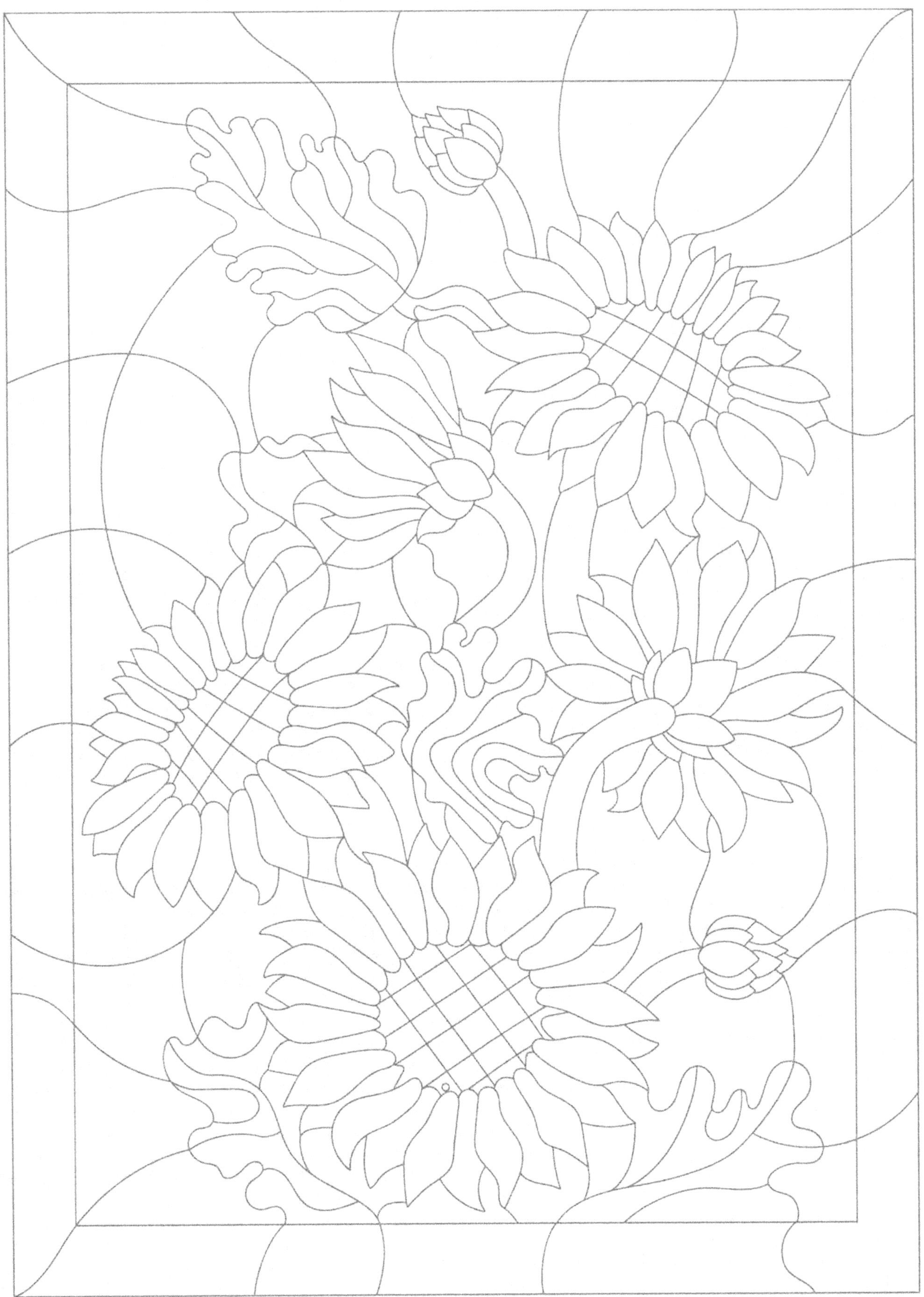

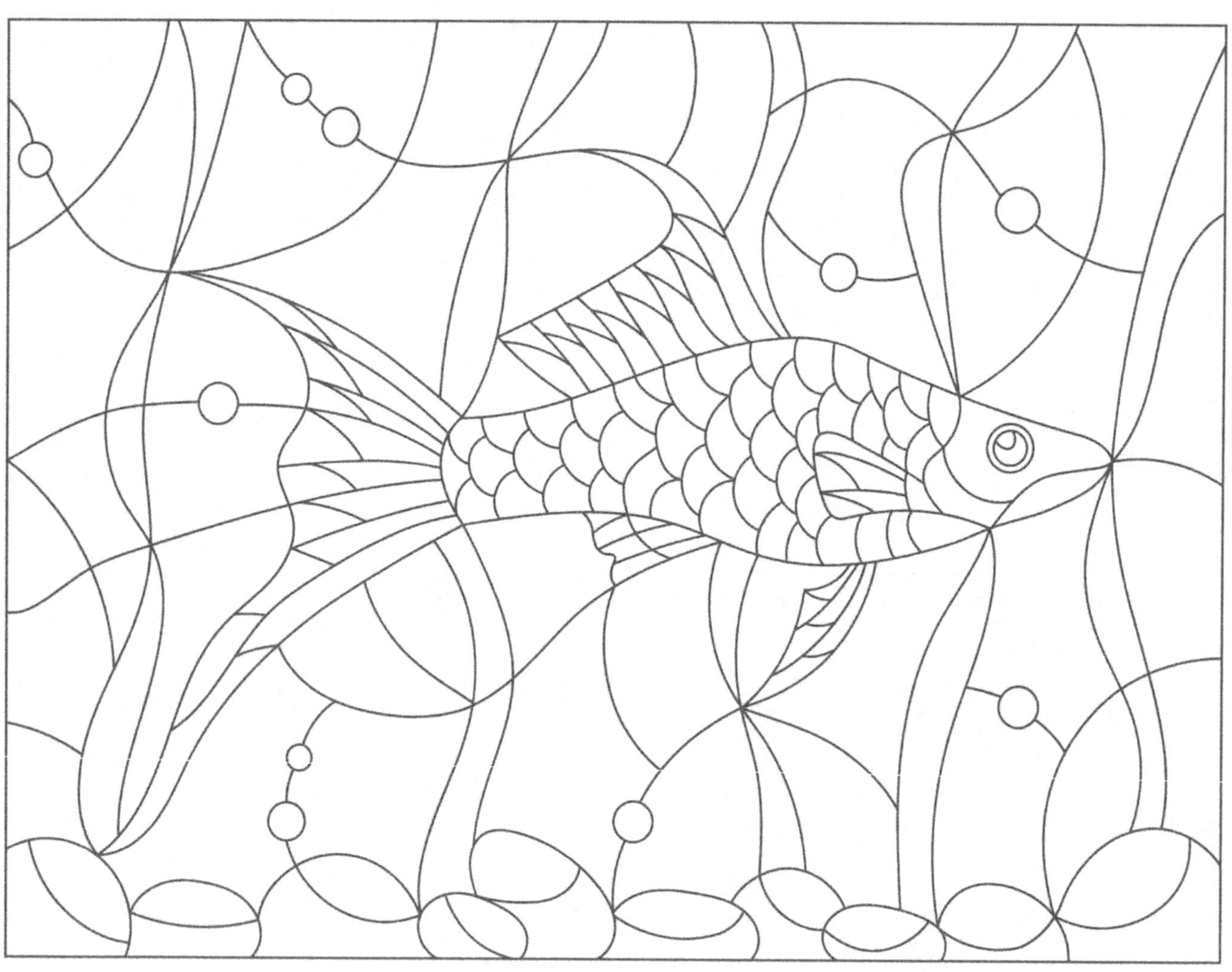

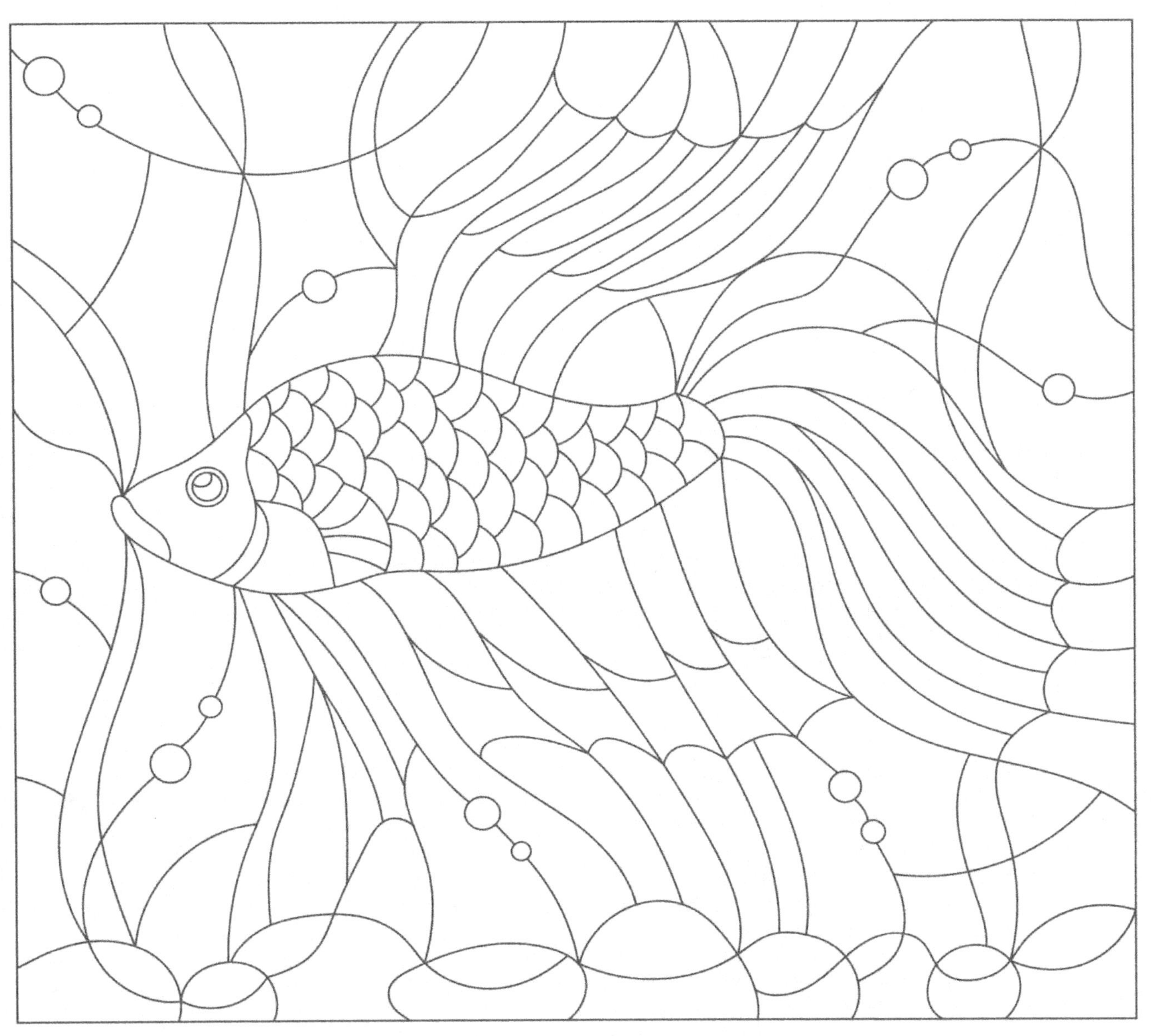

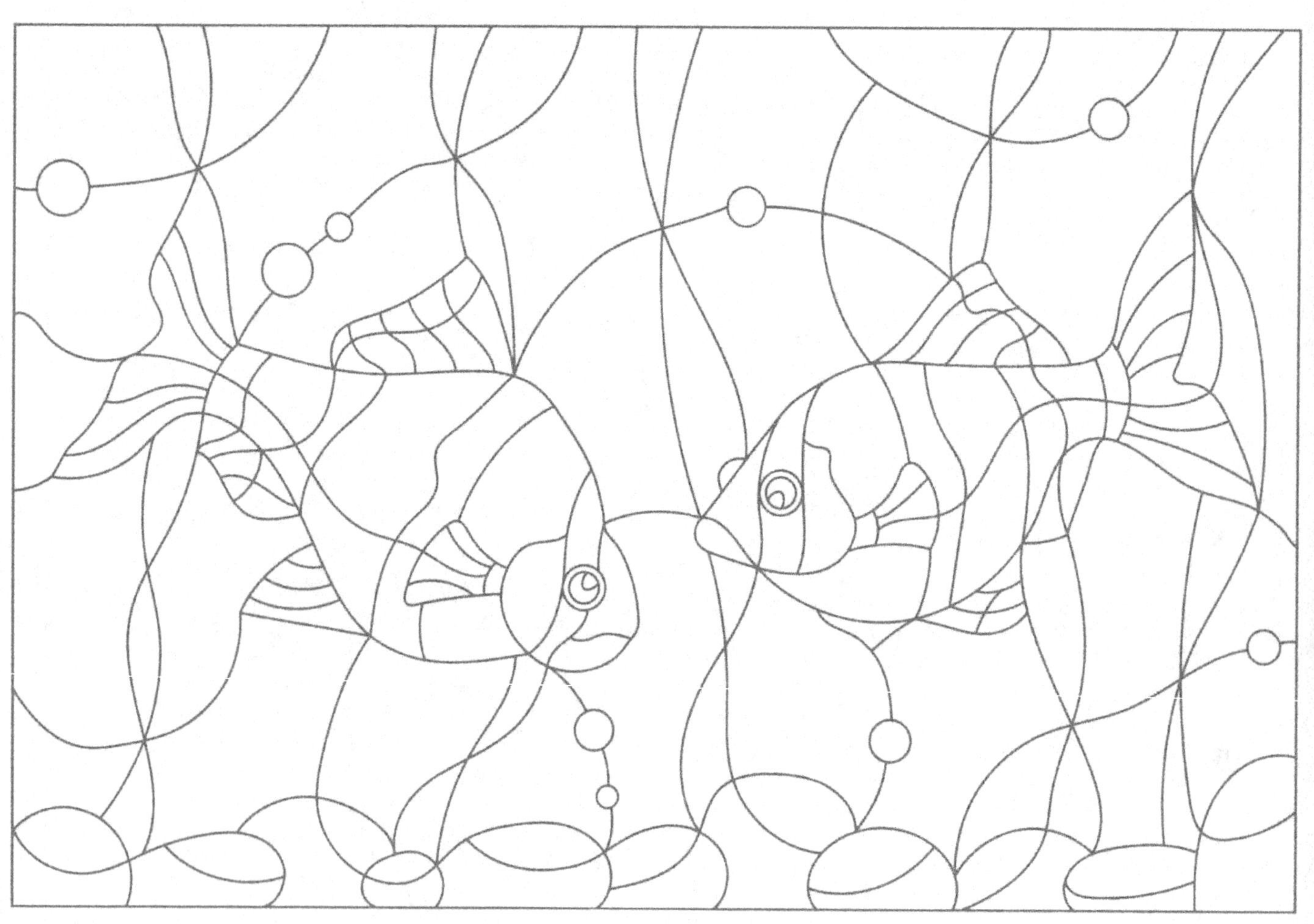

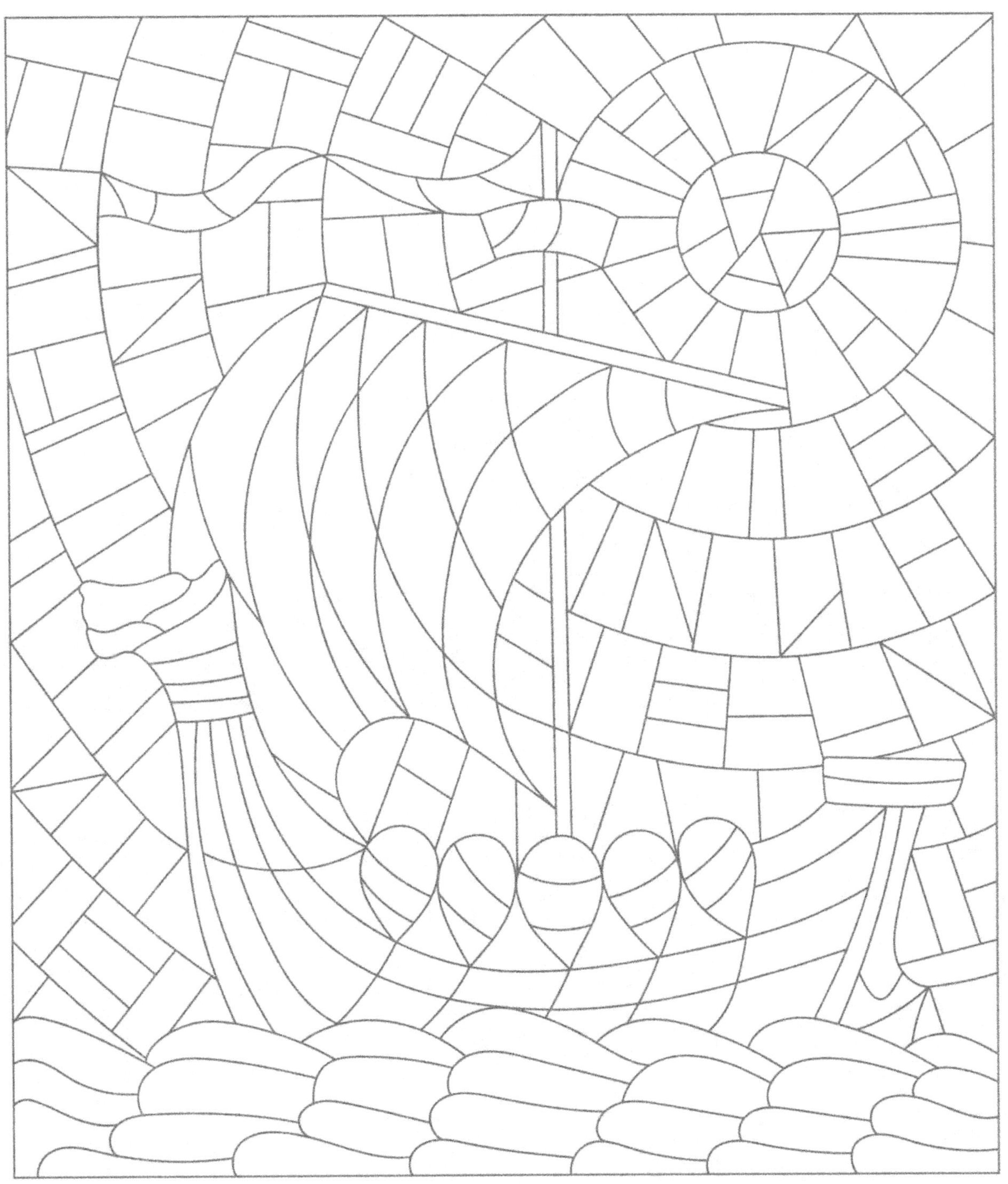

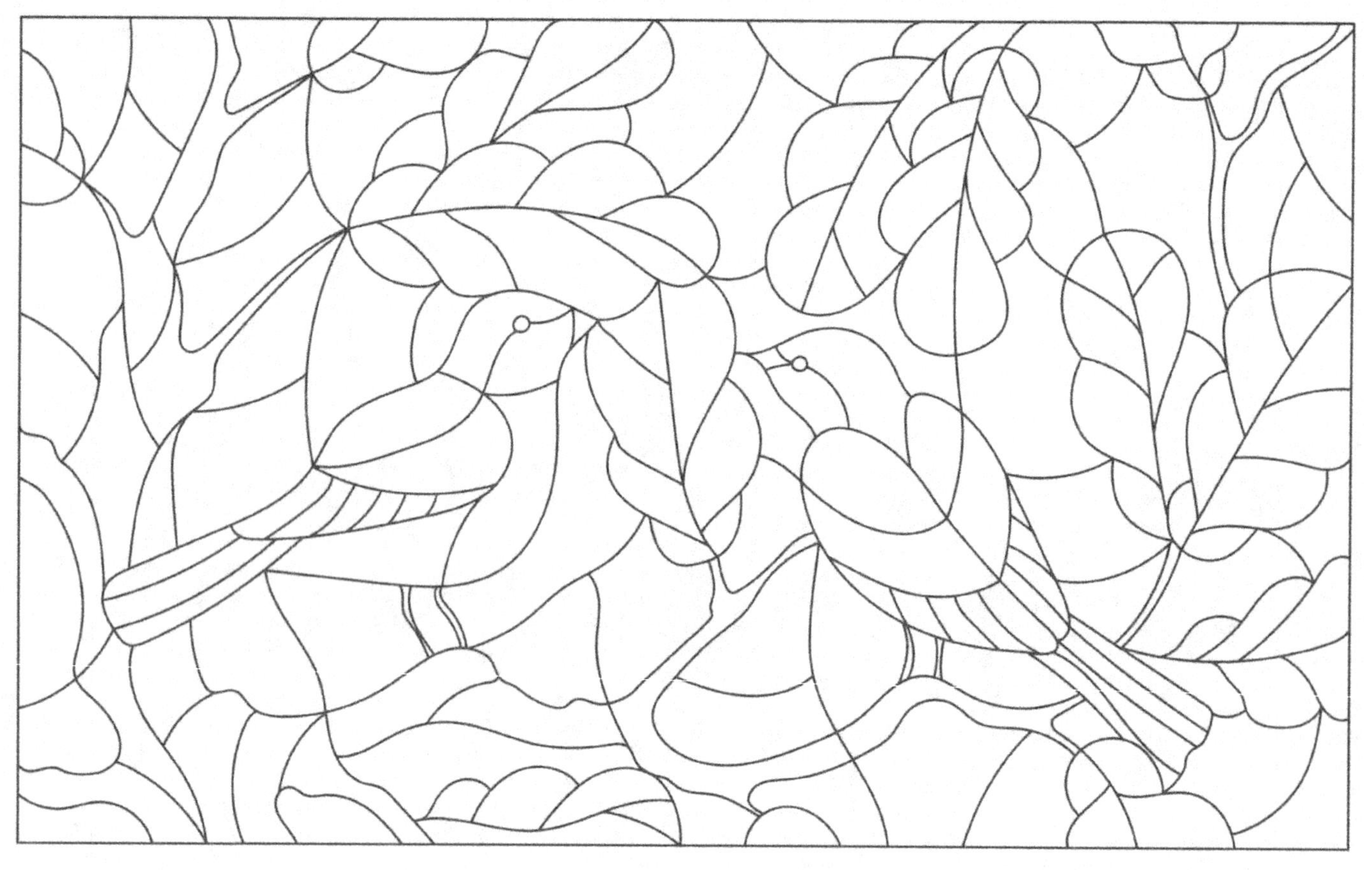

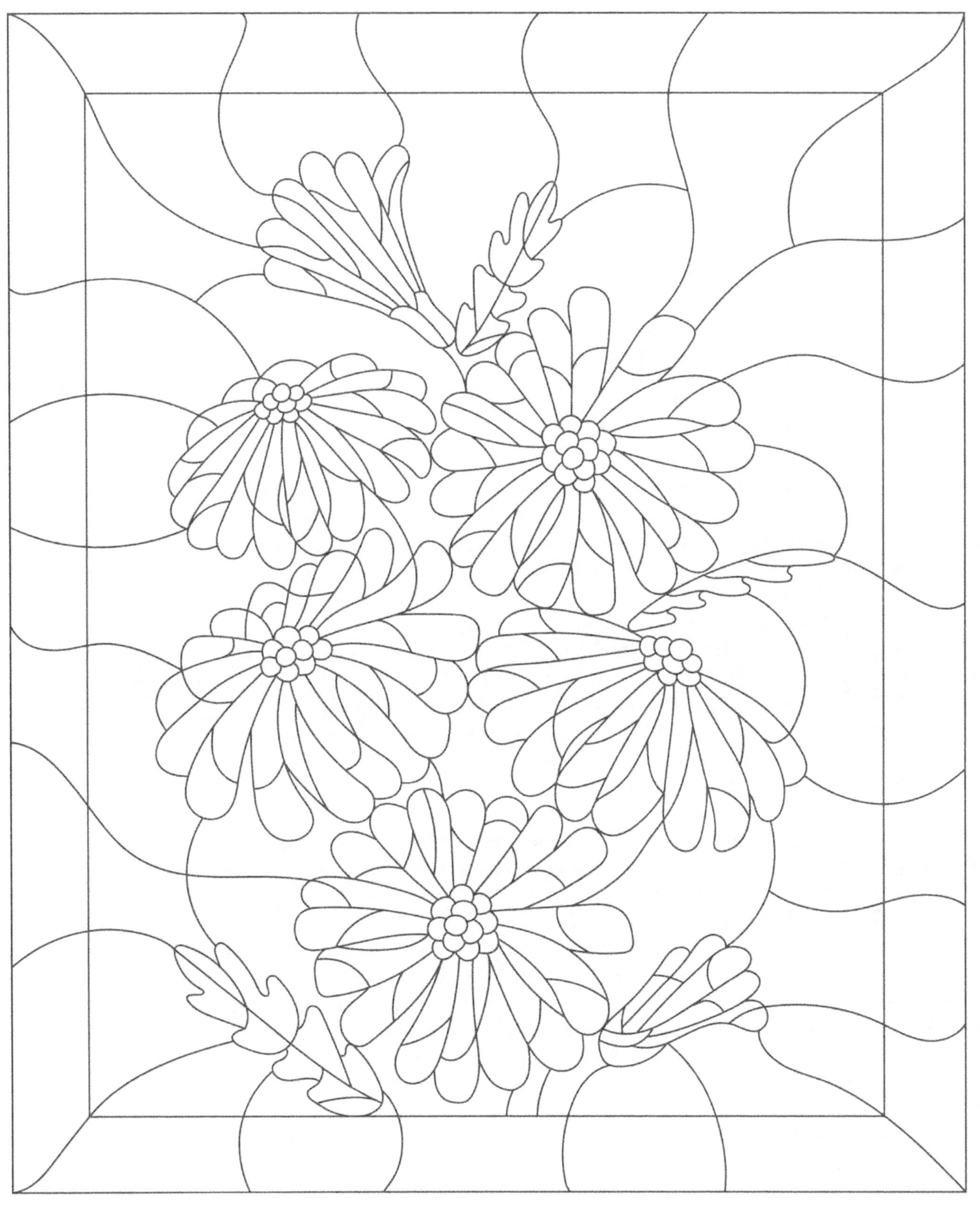

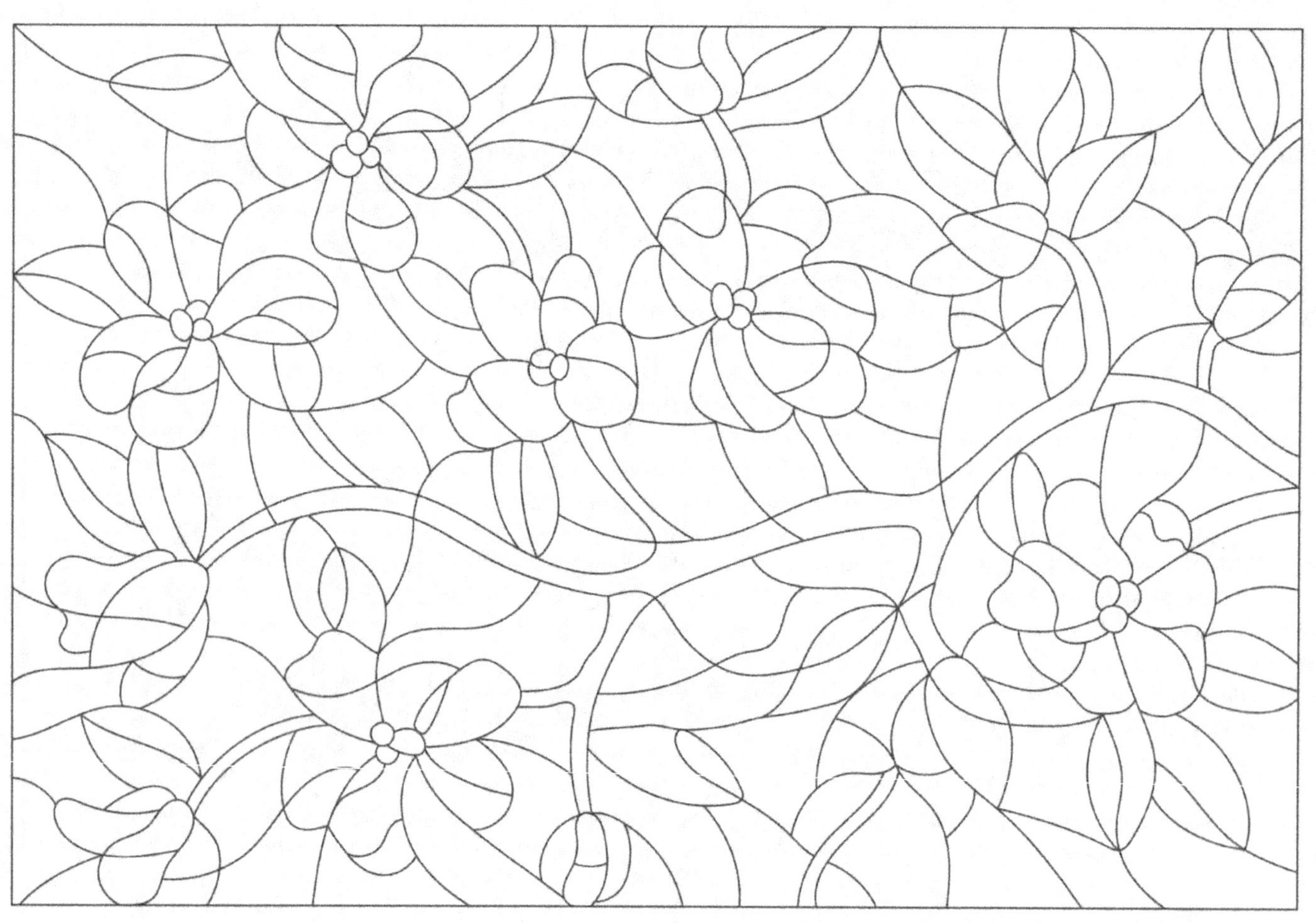

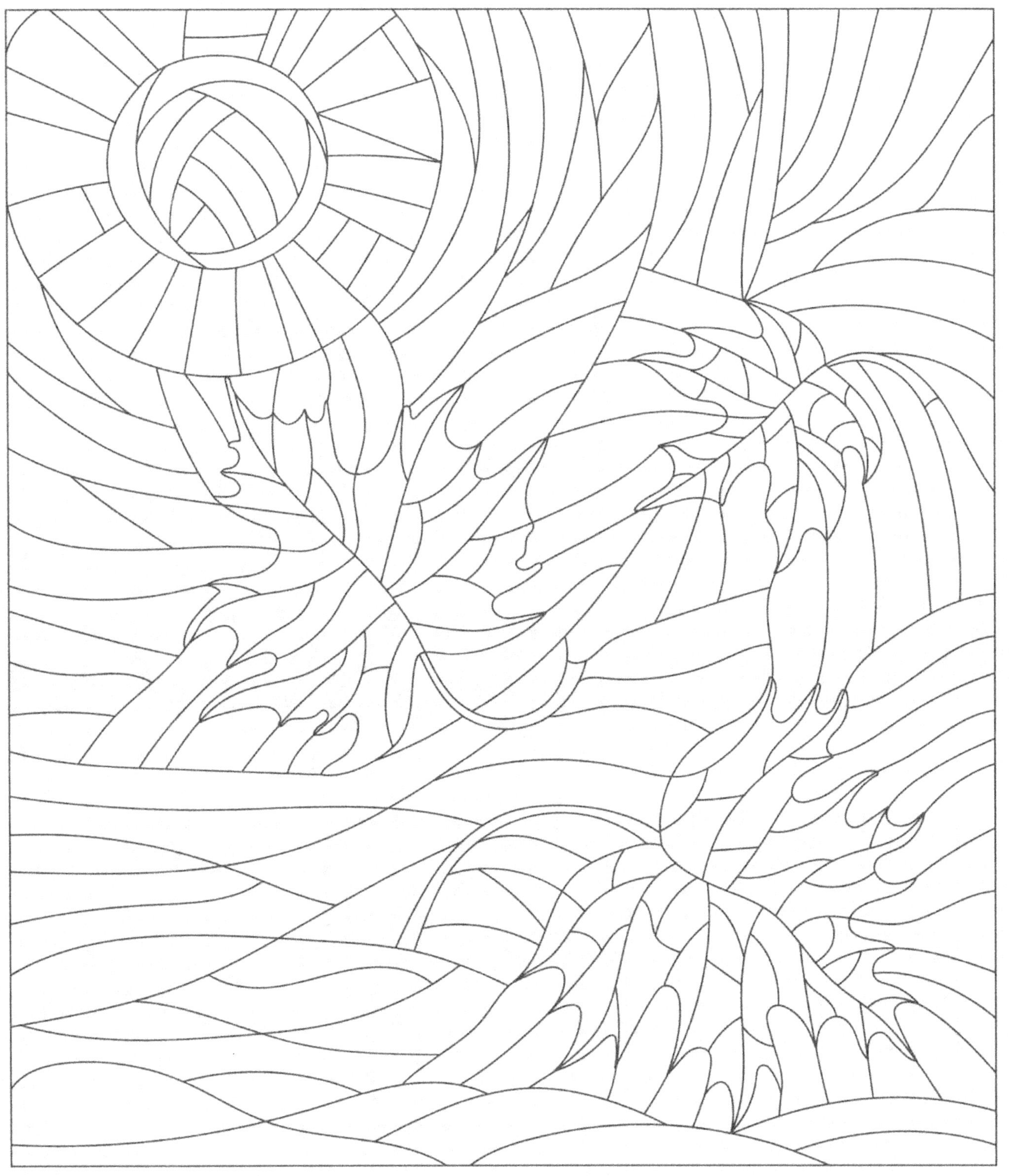

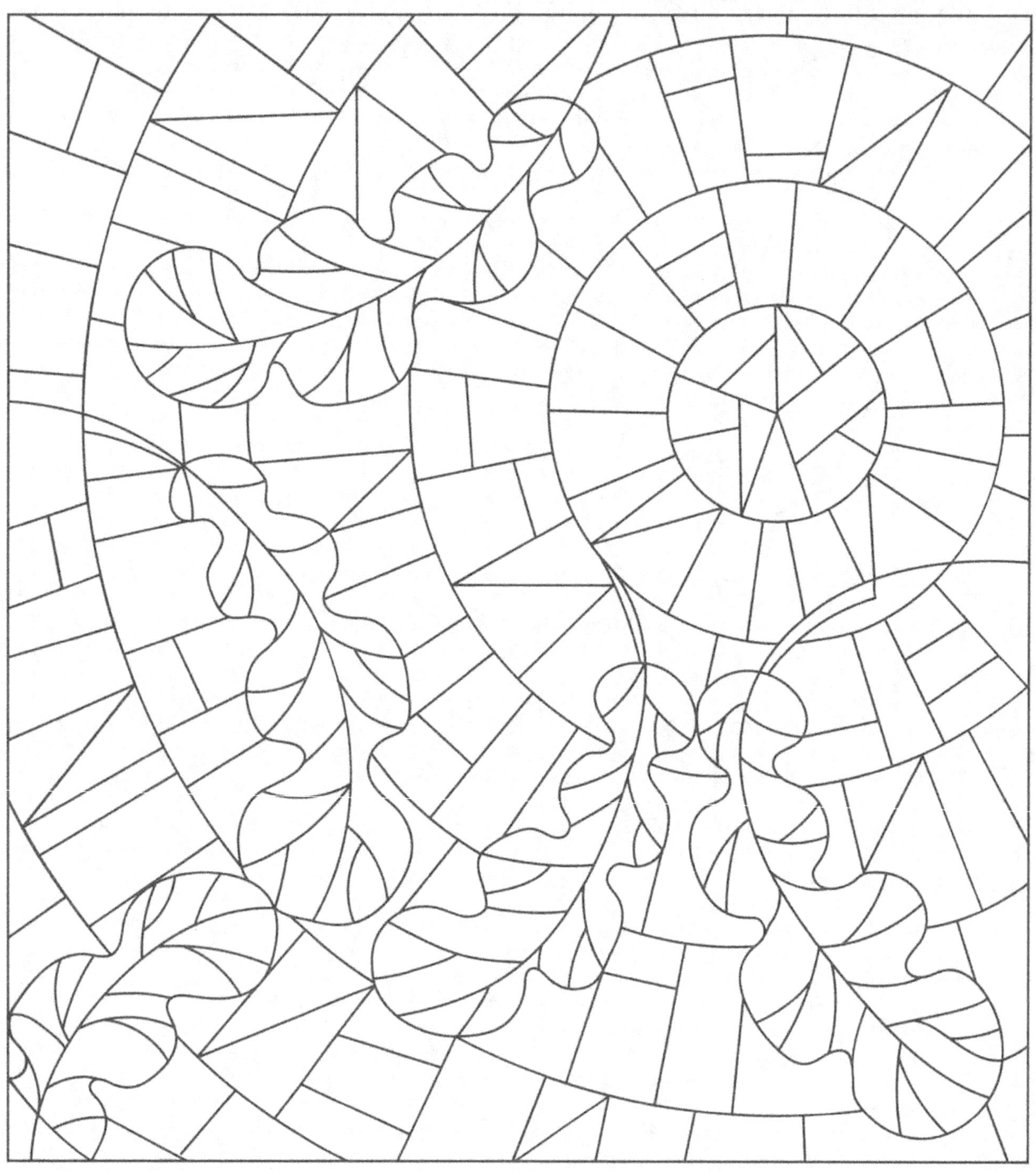

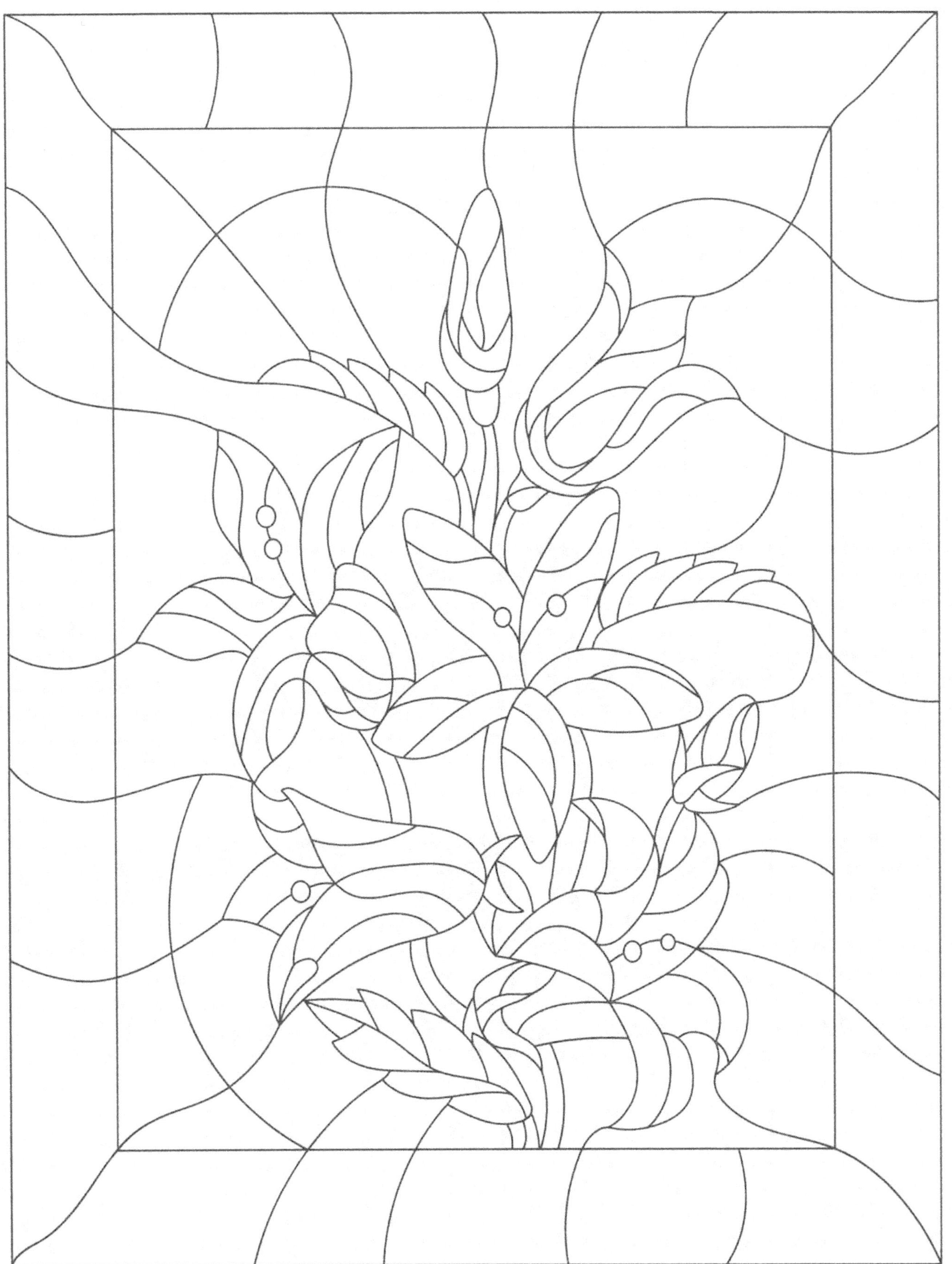

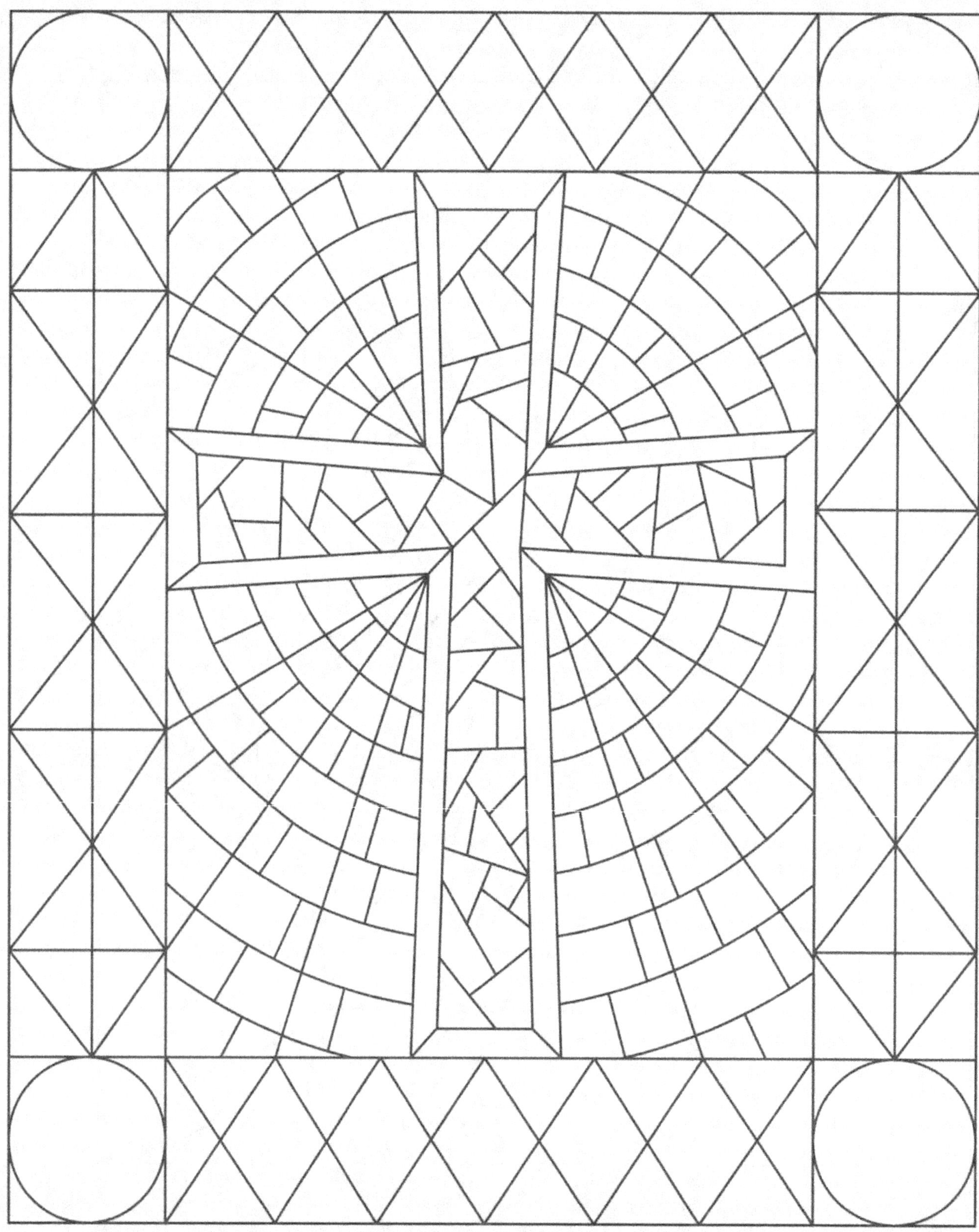

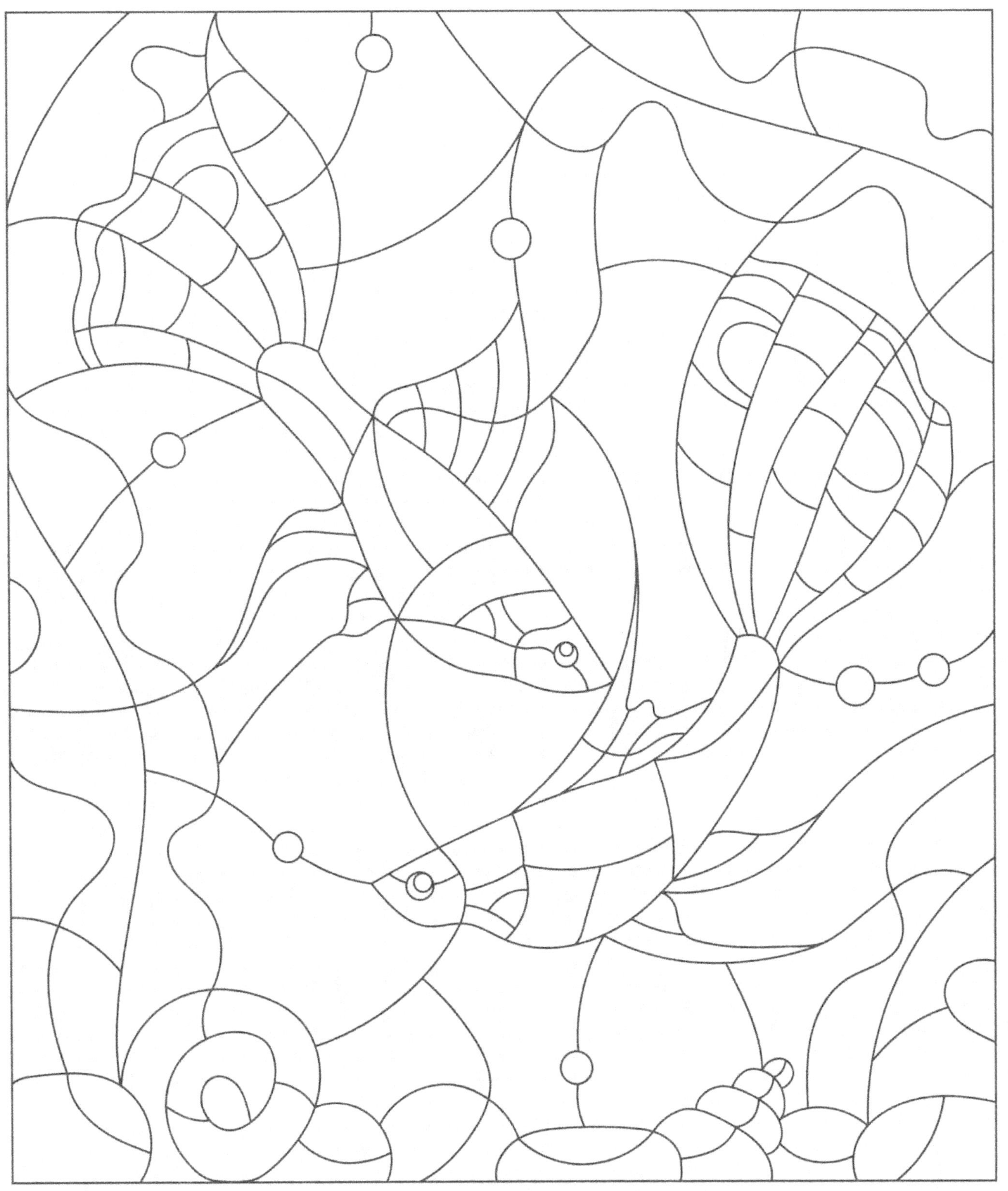

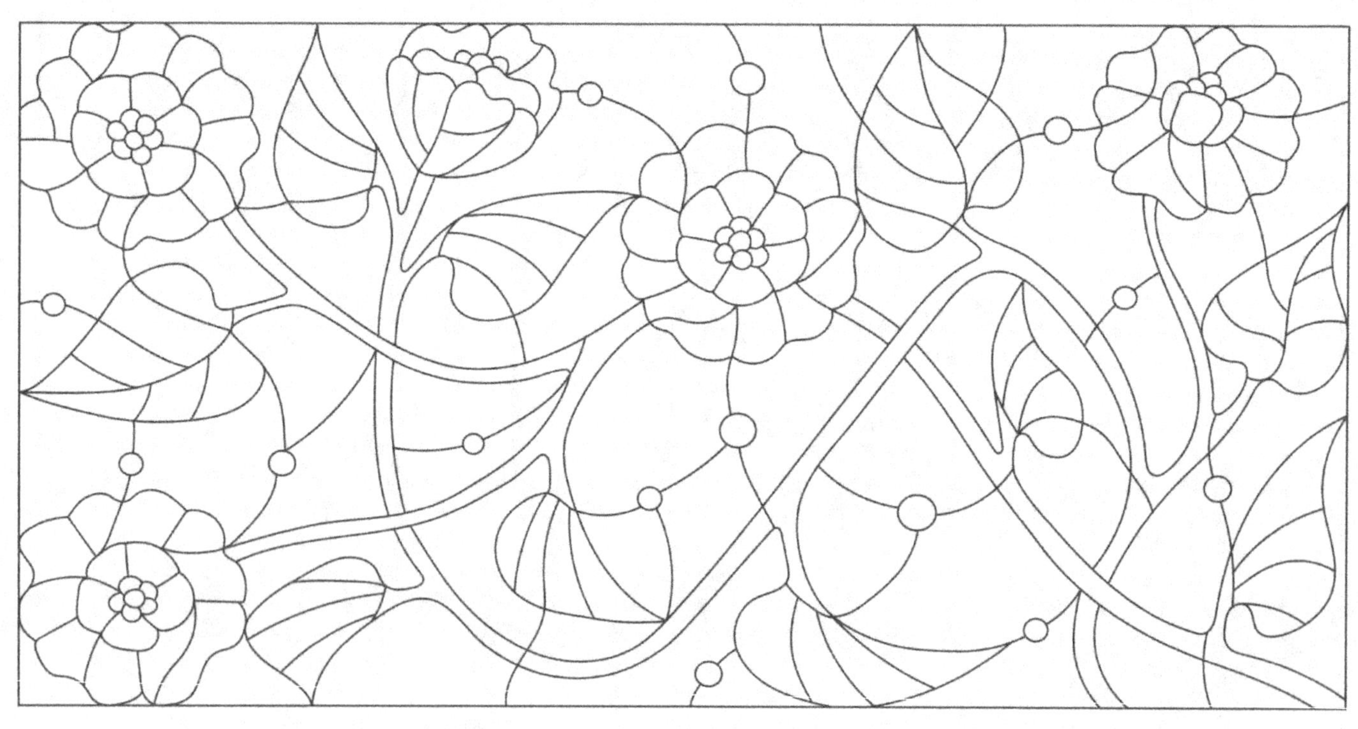

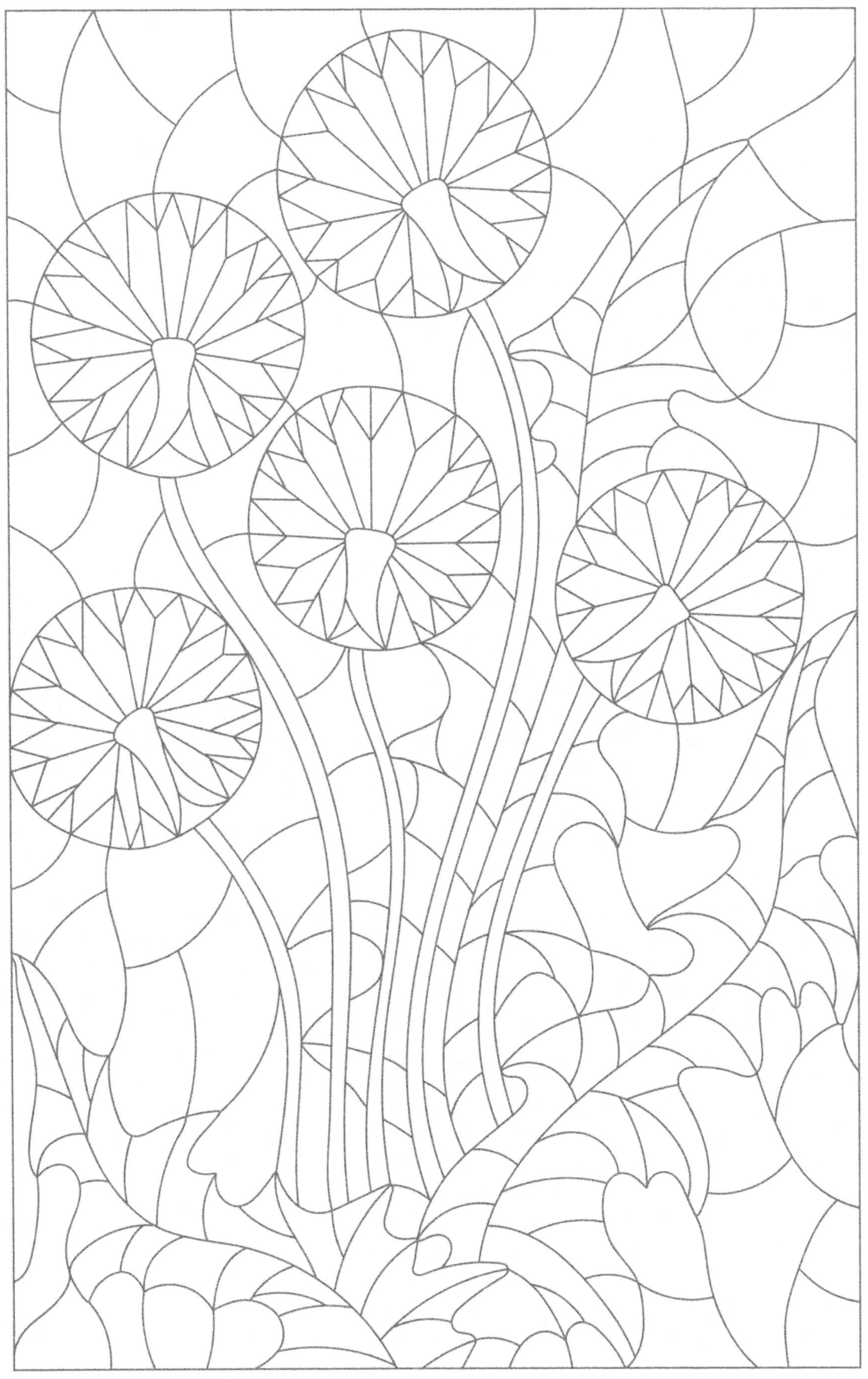

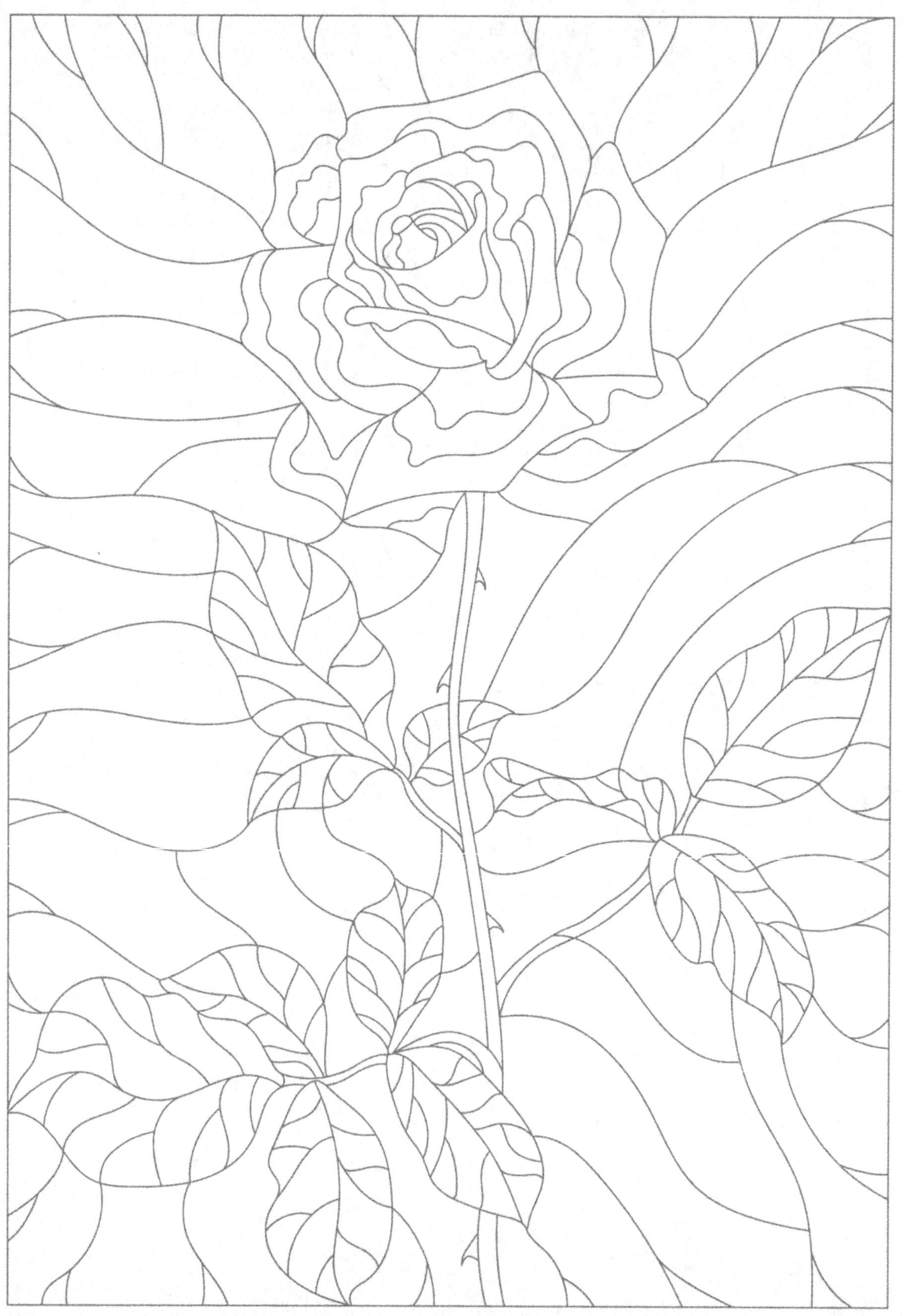

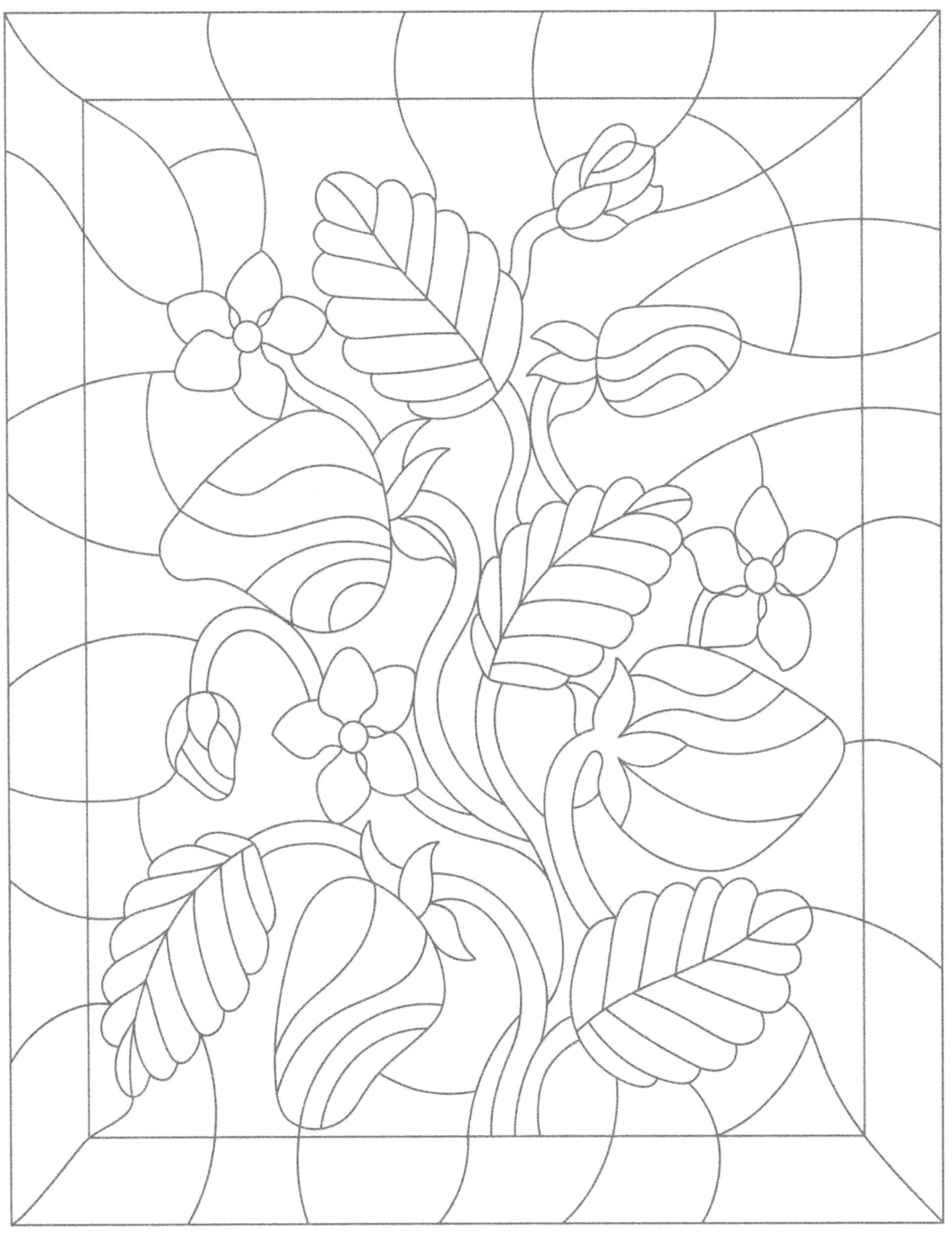

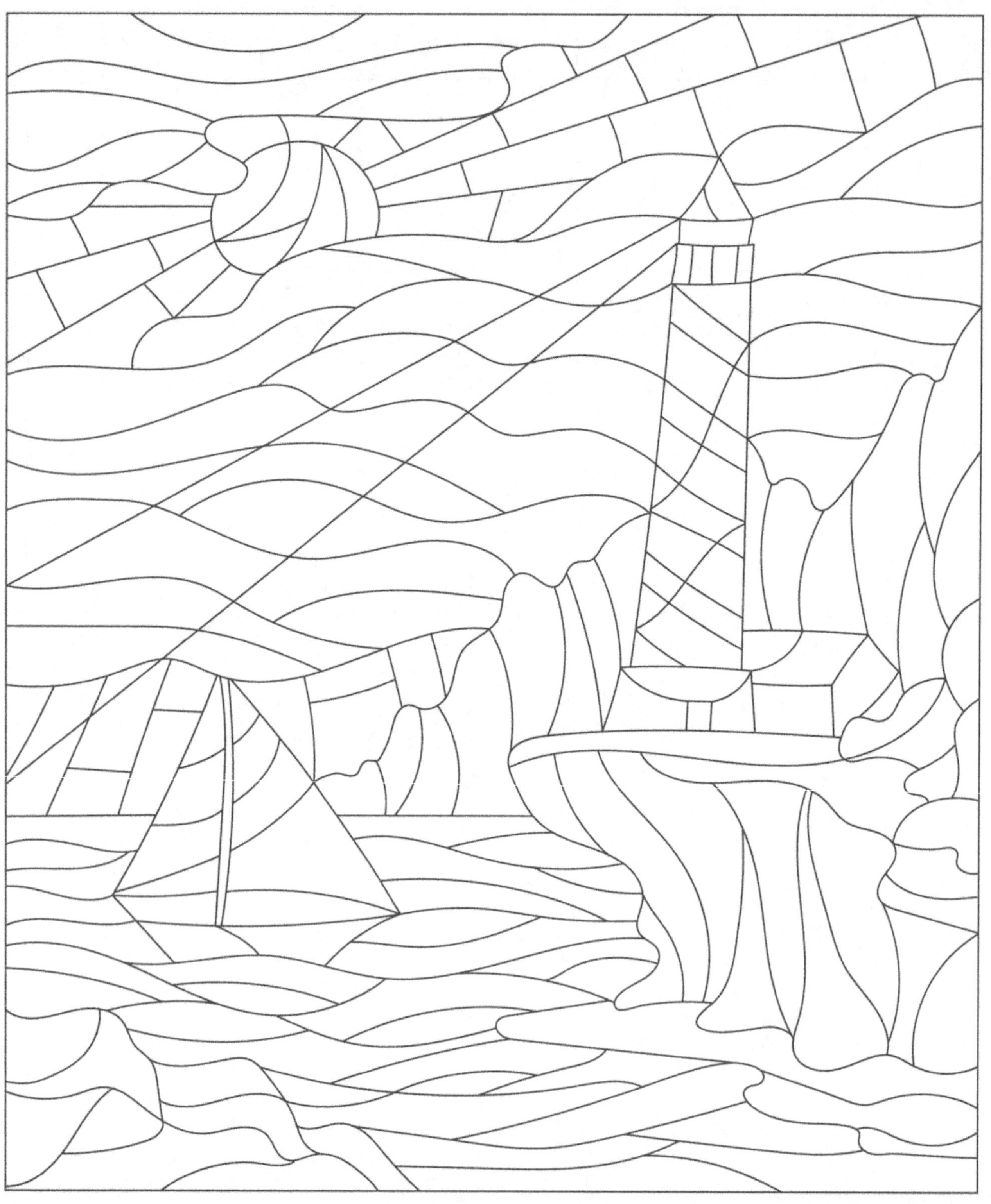

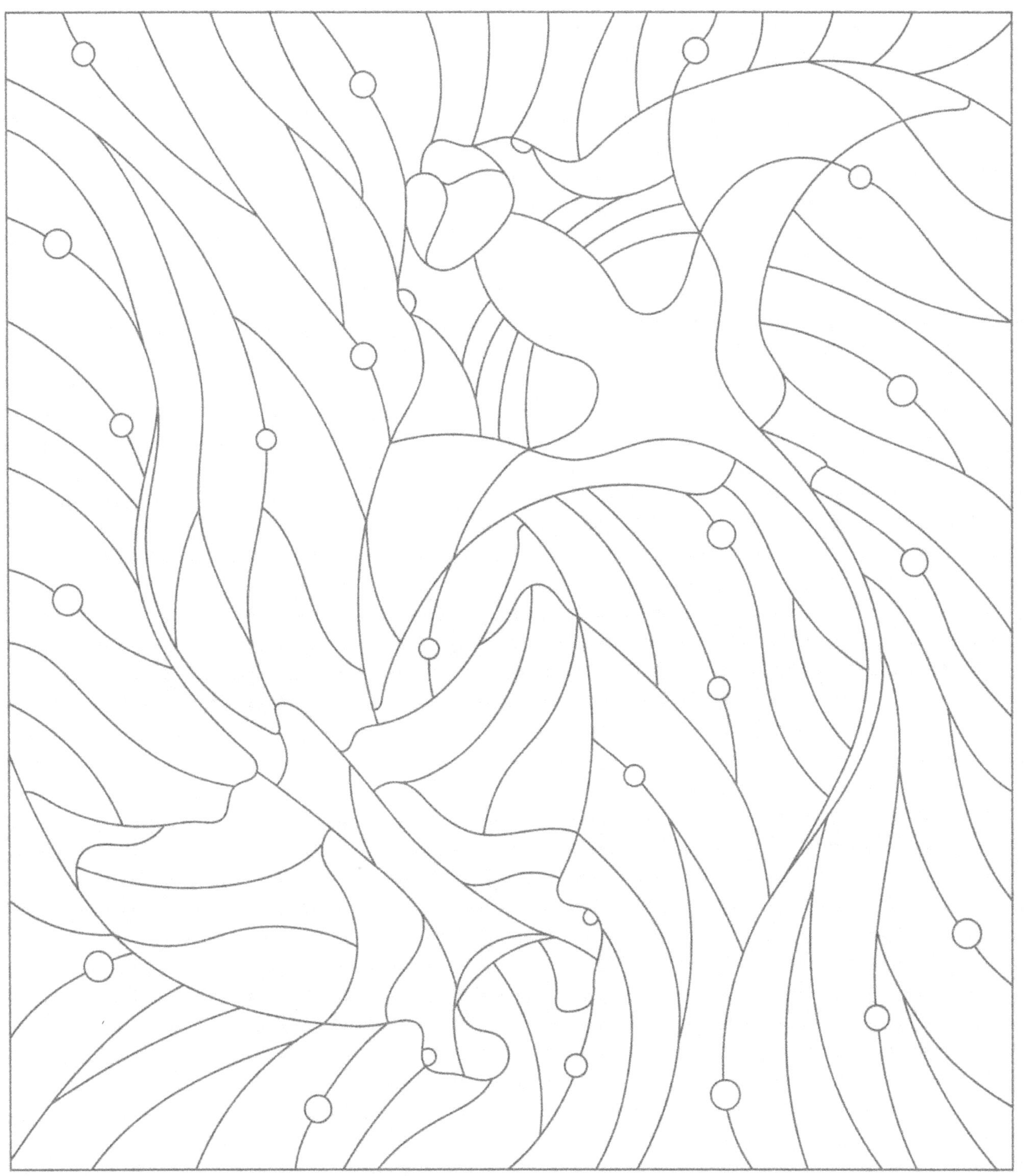

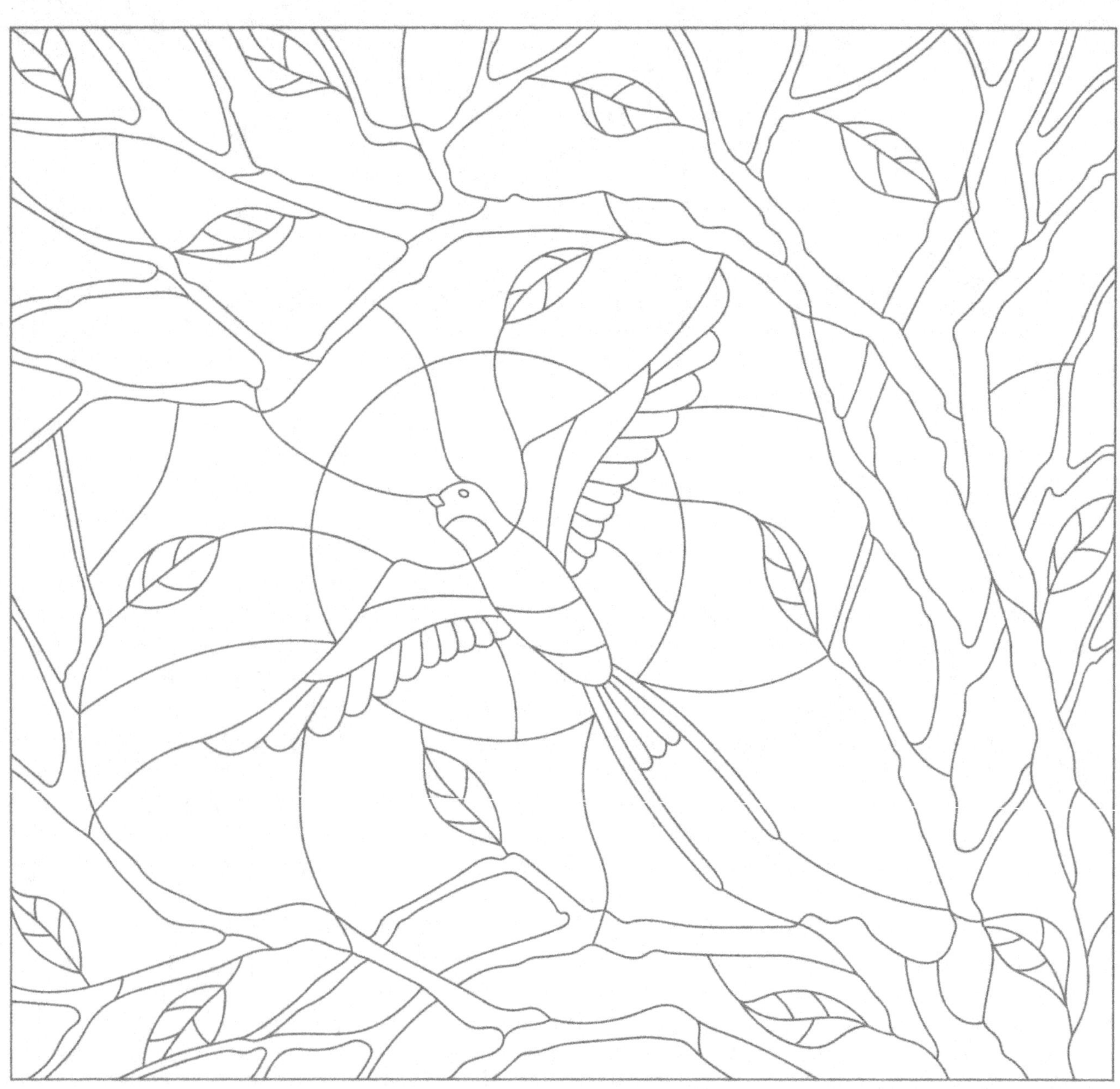

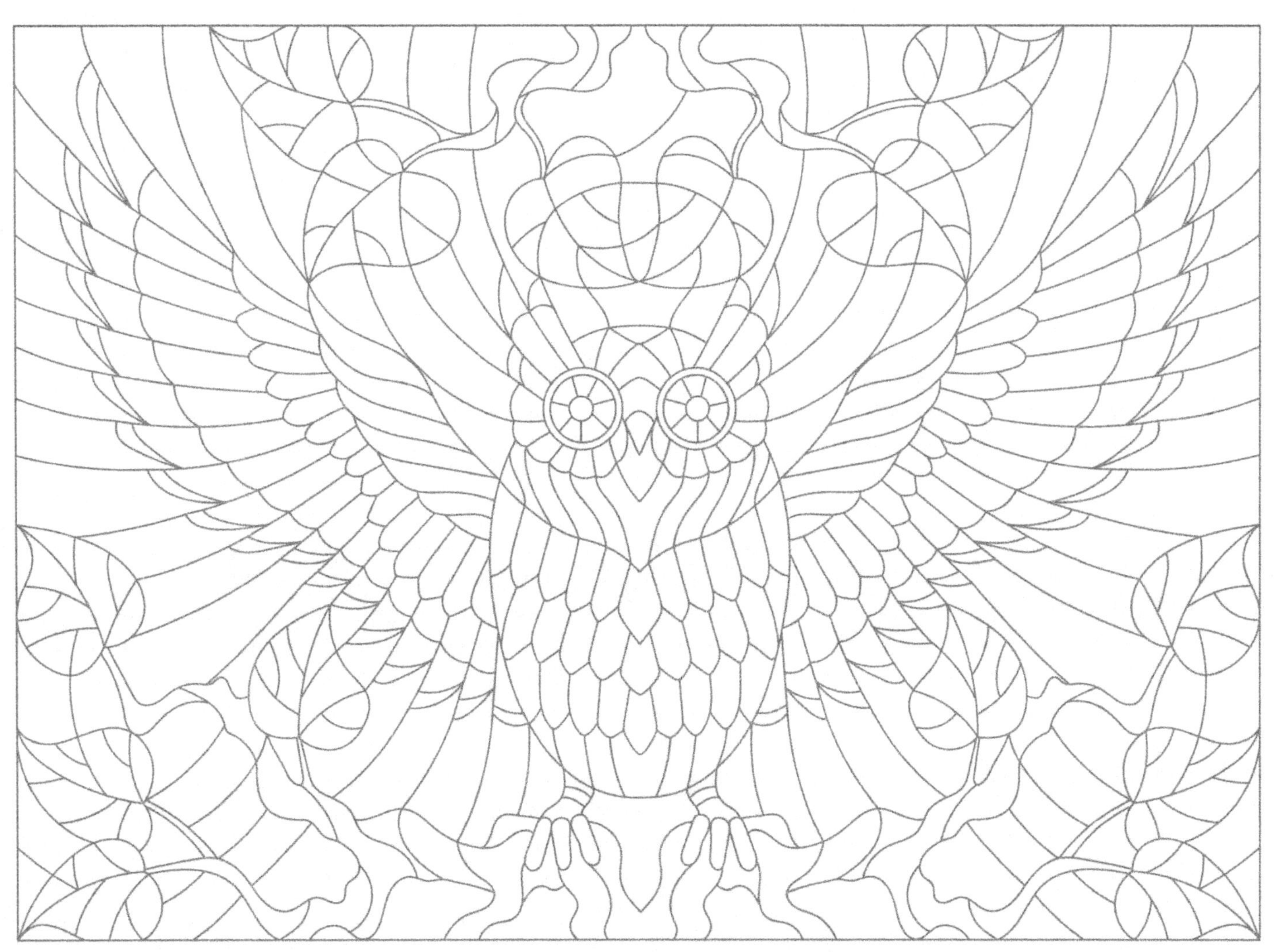